초등학교 선생님이 함께 모여 쓴

# 세계사 이야기

초등학교 선생님이 함께 모여 쓴

# 세계사 이야기 ❷권

초판1쇄 발행 2005년 7월 30일
초판13쇄 발행 2021년 9월 10일

글쓴이 | 초등역사교사모임
그린이 | 민재희
펴낸이 | 우종갑
펴낸곳 | 늘푸른아이들
주소 | 서울시 도봉구 도봉로 137길 55, 202호(쌍문동 한신스마트빌)
전화 | 02-922-3133
팩스 | 02- 6016-9815
E-mail | greenibook@naver.com
출판등록 | 2002년 9월 5일 제16-2840호

ISBN 978-89-90406-51-4 74900
978-89-90406-52-1 (세트)



**제품명**: 세계사 이야기 2 | **제조자명**: 늘푸른아이들 | **제조국명**: 대한민국
**전화번호** : 02-922-3133 | **주소**: 서울특별시 도봉구 도봉로 137길 55, 202호
**제조년월** : 2021년 9월 | **사용 연령**: 10세 이상
*** KC마크는 이 제품이 공통성안전기분에 적합하였음을 의미합니다.**

**늘푸른 지혜창고 ⑤** 어린이가 꼭 알아야 할 역사 이야기

초등학교 선생님이 함께 모여 쓴

# 세계사 이야기

초등역사교사모임 지음 | 민재회 그림

늘푸른아이들

# 여러분의 꿈을 키워 줄 세계 역사 공부!

우리가 사는 세상은 참 넓습니다. 좁게는 우리 마을과 우리 나라, 그리고 넓게는 이웃 나라와 세계!

그러나 우리는 참 '좁게' 살고 있습니다. 우리가 지금까지 밟은 땅이라고는 우리 마을과 학교와 유명한 관광지 몇 곳뿐이니까요.

그리고 어쩌면 단 한 번도 세계지도를 펼쳐 놓고,

"나는 이 세계 곳곳을 돌아볼 거야!"

라던지,

"나는 이 세상 나라 사람들 모두가 기억하는 그런 사람이 될 거야!"

라고 외쳐 본 적이 없을 테니까요.

그래서 우리는 꿈이 없는지도 모릅니다. 선생님이 되겠다는 아이도 있고, 의사가 되겠다는 아이도 있지만,

"선생님이 되어서 온 세계에 못 배운 아이들을 가르치고 싶어요."

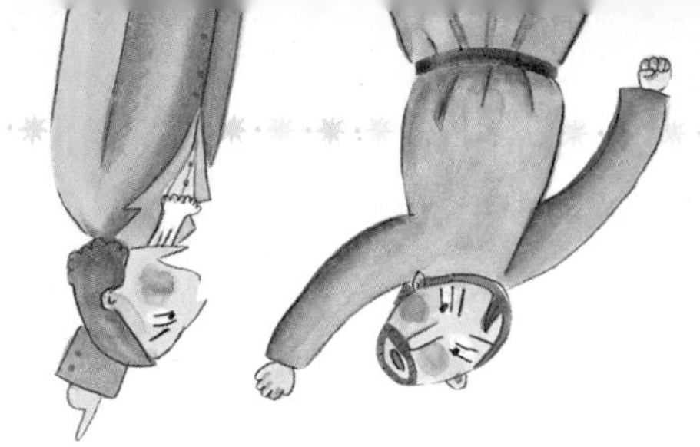

라고 말하거나 혹은,

"의사가 되어서 슈바이처 박사처럼 세계를 누비며 아픈 사람들을 고쳐 주고 싶어요."

라고 말하는 사람은 없거든요. 그냥 우리 학교의 선생님, 우리 마을의 의사 선생님이 되고 싶은가요?

크게 눈을 뜨고 멀리 바라보세요. 이제부터는 우리 나라가 아니라 세계를 돌아보고, 더 큰 꿈을 가져 봐요. 〈초등학교 선생님이 함께 모여 쓴 세계사 이야기〉는 우리의 세계관을 한층 더 키워 주고, 멀리 내다볼 수 있도록 도와 줄 거예요.

또 이 책은 보다 넓은 세상을 이해하고, 그 넓은 세계를 우리 눈앞에 펼쳐 놓을 거고요.

세계의 역사는 이제 남의 나라 이야기가 아닌 우리 주위의 이야기랍니다. 왜냐하면 우리는 그 세계 속에서 꿈을 펼쳐 나가야 할 테니까요.


-초등역사교사모임-

조현주 선생님(서원초등학교) · 조희정 선생님(북원초등학교)
김영지 선생님(정평초등학교) · 최선희 선생님(검바위초등학교)
이정미 선생님(여량초등학교)

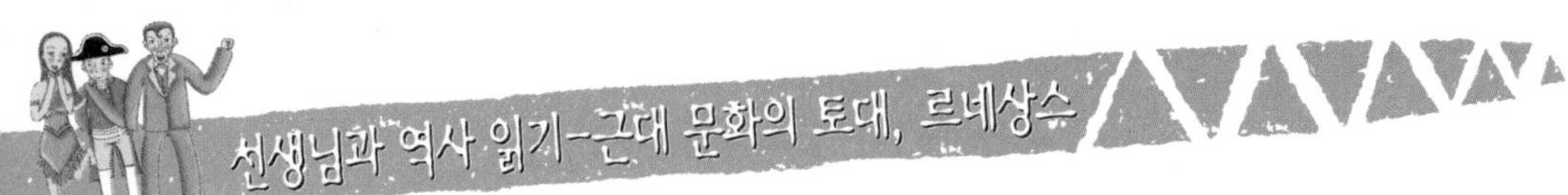
선생님과 역사 읽기-근대 문화의 토대, 르네상스

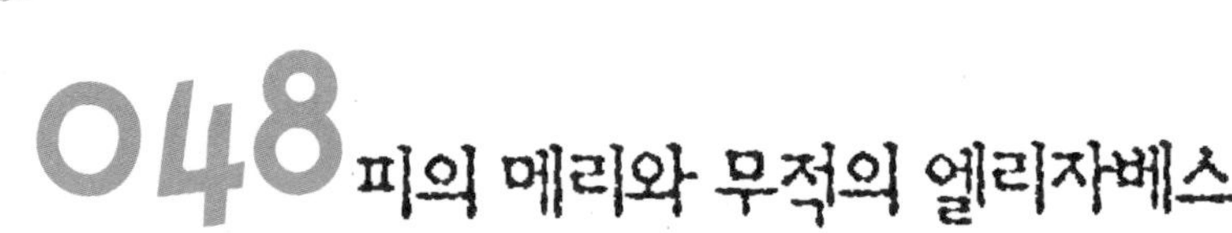

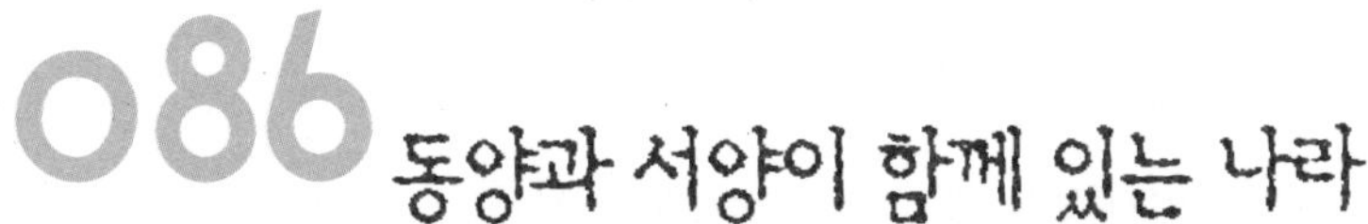

에인

일본 VS 미국

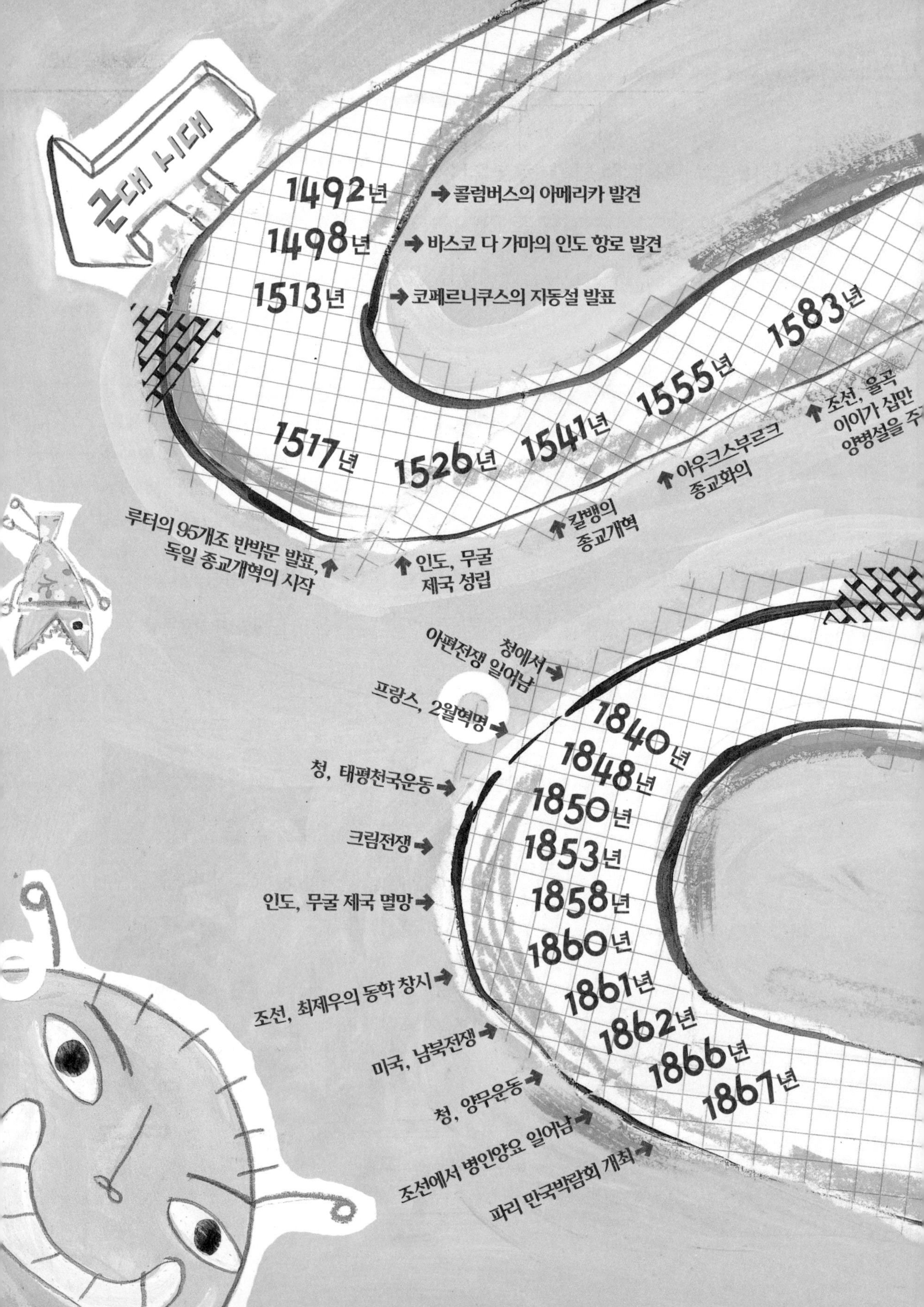
근대 시대
1492년 → 콜럼버스의 아메리카 발견
1498년 → 바스코 다 가마의 인도 항로 발견
1513년 → 코페르니쿠스의 지동설 발표
1517년
1526년
1541년
1555년
1583년
루터의 95개조 반박문 발표, 독일 종교개혁의 시작
인도, 무굴 제국 성립
칼뱅의 종교개혁
아우크스부르크 종교화의
조선, 율곡 이이가 십만 양병설을 주
청에서 아편전쟁 일어남
프랑스, 2월혁명
청, 태평천국운동
크림전쟁
인도, 무굴 제국 멸망
조선, 최제우의 동학 창시
미국, 남북전쟁
청, 양무운동
조선에서 병인양요 일어남
파리 만국박람회 개최
1840년
1848년
1850년
1853년
1858년
1860년
1861년
1862년
1866년
1867년

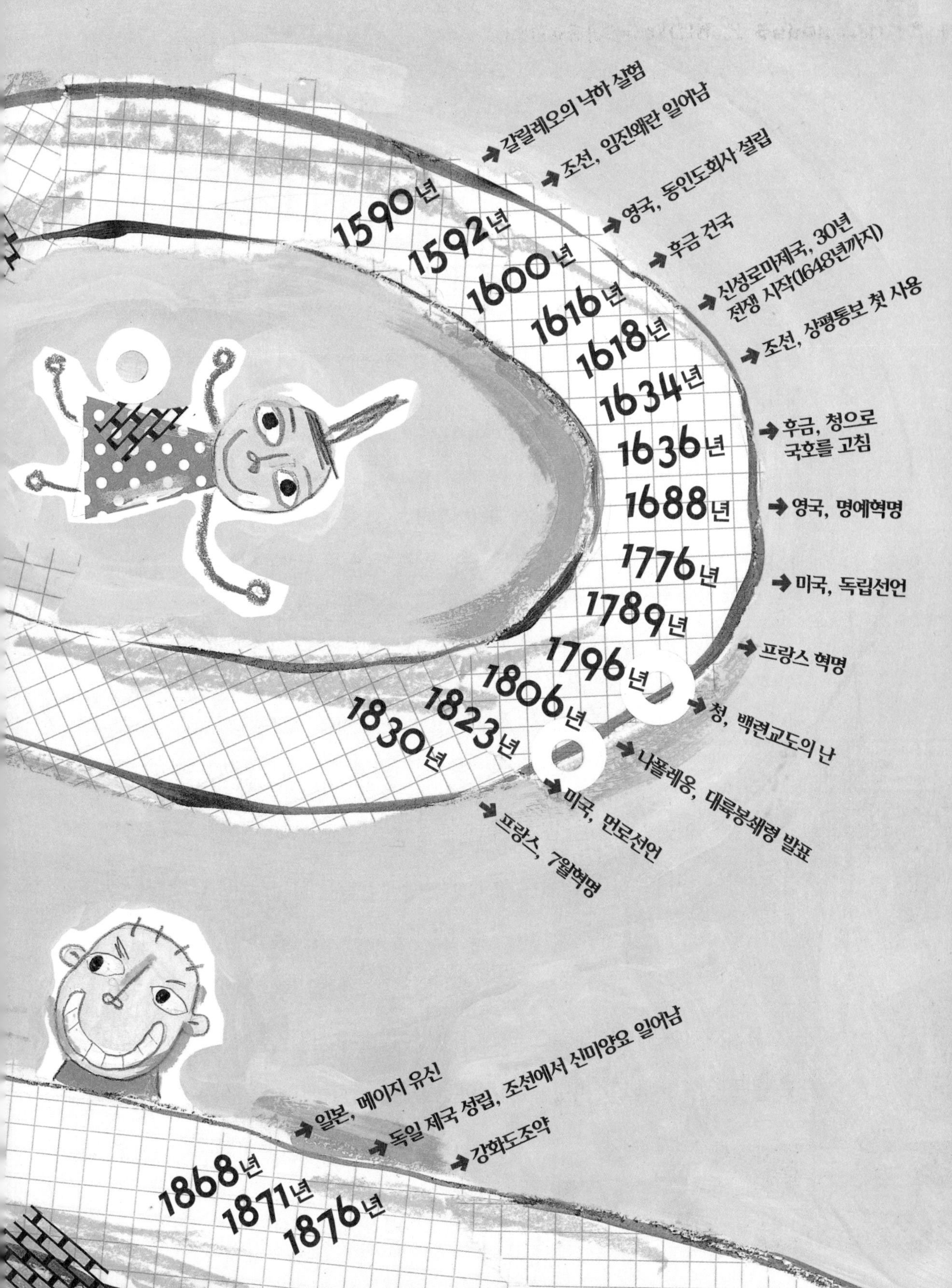
1590년 → 갈릴레오의 낙하 실험
1592년 → 조선, 임진왜란 일어남
1600년 → 영국, 동인도회사 설립
1616년 → 후금 건국
1618년 → 신성로마제국, 30년 전쟁 시작(1648년까지)
1634년 → 조선, 상평통보 첫 사용
1636년 → 후금, 청으로 국호를 고침
1688년 → 영국, 명예혁명
1776년 → 미국, 독립선언
1789년 → 프랑스 혁명
1796년 → 청, 백련교도의 난
1806년 → 나폴레옹, 대륙봉쇄령 발표
1823년 → 미국, 먼로선언
1830년 → 프랑스, 7월혁명
1868년 → 일본, 메이지 유신
1871년 → 독일 제국 성립, 조선에서 신미양요 일어남
1876년 → 강화도조약

# 르네상스가 무슨 뜻이죠?

르네상스는 다시 태어난다는 뜻의 말입니다. 우리는 이 말을 문예 부흥이라고 바꾸어 부르기도 합니다. 바로 잃어버린 문화와 문명을 오늘에 되살린다는 것이지요. 이 시기에 문예 부흥을 위한 사람들의 의욕이 높아지기 시작했습니다. 이 영향으로 유럽 세계는 활기에 찬 아침을 맞게 되었습니다.

긴 세월에 걸친 십자군 원정을 통하여 유럽에서도 동방 세계에 대한 새로운 이해가 싹트기 시작했습니다. 나침반이며 화약 같은 것들이 전해지기도 했지요. 또한 사람들의 개척 정신도 일어났습니다. 사람들은 서서히 안개 속에 가려져 있던 자신들의 참모습을 깨닫기 시작했지요.

무엇보다 인쇄술의 발달은 이 같은 각성을 더욱 부채질했습니다. 인간의 이성으로 깨달을 수 있는 확실한 모습의 세계가 눈앞에 펼쳐진 것입니다. 사람들은 다시 태어난 느낌으로 세상을 내다보았습니다. 그리고 시대가 그들에게 요구하는 정신을 조금씩 깨우쳐 나갔습니다. 신을 중심으로 생각했던 중세에 비해 인간 위주로 생각하기 시작하면서 바로 인간 해방을 희망한 것입니다.

르네상스 시대는 이렇게 시작되었답니다. 특히 문학과 예술을 비롯해 모든 분야에서 새로운 생각, 새로운 행동들이 일어나기 시작한 것이었지요.

르네상스 시대 상인들의 산술책 한 페이지

르네상스 시대를 상징하는 포스터.
산술<왼쪽>과 기하학<오른쪽>을 상징한다.

# 르네상스 시대에는 어떤 예술가들이 살았나요?

르네상스 시대에는 많은 예술가들이 살았습니다. 건축가는 옛 그리스와 로마에 있었던 것과 맞먹는 아름다운 건물들에 다시 손을 댔습니다. 그리고 조각가는 아폴로와 비너스의 흉상 같은 훌륭한 미술품들을 창조하였습니다. 호메로스의 아름다운 서사시들은 책으로 인쇄되어 널리 보급되었습니다. 그리고 그들에 버금가는 시인과 작가들도 곳곳에서 쏟아져 나왔습니다.

## [고독한 예술가 '미켈란젤로']

미켈란젤로는 그 시대의 많은 예술가들 중에서 가장 뛰어난 사람으로 꼽힙니다. 그는 조각가 겸 건축가였으며 또 시인이기도 했습니다.

대부분의 조각가들은 모형을 만들고 작품을 완성하였습니다. 모형을 본떠서 돌에 새기거나, 그 자체에 쇳물을 부어 굳히는 식이었지요. 그러나 미켈란젤로는 모형 따위는 무시했습니다. 그는 처음부터 곧장 돌을 쪼아 작품을 만들었습니다. 그는 영혼이 깃들어 살아 있는 듯한 모습의 <모세> 상을 창조해 내기도 했습니다. 로마에 있는 시스티나 성당의 천장에는 그가 그린 <천지창조>의 장엄한 정경이 있습니다. 그리고 최후의 심판을 묘사한 대벽화 등의

모세

천지창조

최후의 심판

● 시스틴의 성모<위>와 성 미카엘<중간>(라파엘로 작)

걸작 역시 그의 작품입니다.

그는 거의 아흔 살까지 살았는데, 일생 동안 친하게 사귄 사람이 없었습니다. 그는 예술에만 몰두하며 고독하게 살았기 때문입니다.

## [부지런한 예술가 '라파엘로']

미켈란젤로와 같은 시대에 또 한 사람의 훌륭한 화가가 있었습니다. 그는 바로 라파엘로였습니다. 그는 여러 가지 면에서 미켈란젤로와 대조적인 예술가로 알려져 있습니다.

예를 들면, 미켈란젤로가 사람들을 피하여 혼자 있기를 좋아한 반면 라파엘로는 늘 여러 사람들에게 둘러싸여 떠들썩하게 살았습니다. 그에게는 친구와 제자들이 많았습니다.

라파엘로는 어린 예수를 안고 있는 마리아의 아름다운 모습을 여러 가지로 그렸습니다. 그 중의 하나가 바로 그의 대표작인 <시스틴의 성모>입니다.

라파엘로는 젊은 나이에 죽었습니다. 그러나 짧은 생애에 비하여 전해지고 있는 작품은 많습니다. 그는 부지런한 예술가가 아니었을까요?

## [왼손잡이 천재 화가 '레오나르도 다 빈치']

라파엘로보다 30년이나 앞서고 미켈란젤로보다 20년이나 앞서 태어난 사람이 있습니다. 바로 위대한 예술가 레오나르도 다 빈치입니다. 그는 왼손잡이 화가였습니다.

우리들의 눈에 너무나도 익은 <최후의 만찬>, <모나리자>, <베누아의 성모>, <암굴 속의 성모> 등이 모두 그의 작품입니다. 이 작품들의 예술적 가치는 거의 영원할 것으로 평가되고 있습니다.

그가 재능을 보인 것은 미술뿐만이 아닙니다. 그는 만능의 재주를 지닌 천재였습니다. 그는 화가에, 과학자였으며, 시인이었고, 기술자였습니다.

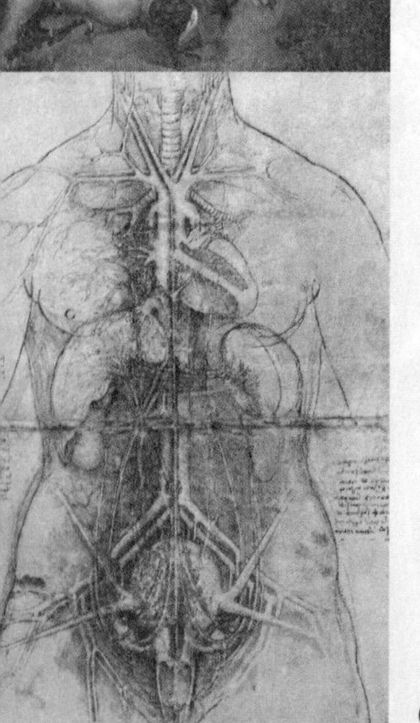

● 레오나르도 다 빈치가 그린 신체해부도<아래>

# 르네상스가 가장 먼저 싹튼 곳이 어디예요?

문화와 예술의 도시 피렌체

유럽 세계에서 르네상스가 가장 먼저 싹튼 곳은 이탈리아였습니다. 이탈리아는 로마 제국의 옛 터전으로 전통 깊은 곳입니다. 또 일찍부터 지중해 무역의 중심지로서 동방 세계의 문화를 받아들이는 데 유리한 조건을 갖고 있었지요. 이탈리아에서도 특히 중부에 있는 한 도시인 피렌체가 그 중심이었습니다. 피렌체는 단테, 페트라르카, 보카치오 등 르네상스의 3대 문호로 일컬어지는 작가들을 낳은 도시입니다. 물론 이들 문학가들 외에도 르네상스를 무르익게 하는 데 이바지한 학자와 사상가들은 아주 많습니다. 그 중 한 사람이 마키아벨리입니다. 그는 당대의 가장 뛰어난 역사가였고 정치 이론가였습니다.

### [단테]

「신곡」이라는 유명한 서사시를 쓴 시인입니다. 「신곡」은 절세의 미인인 베아트리체와의 이룰 수 없는 사랑 이야기를 다룬 작품입니다. 그는 「신곡」 외에도 「신생」, 「향연」 등 훌륭한 작품을 많이 썼습니다.

### [페트라르카]

이탈리아의 르네상스를 대표하는 시인입니다. 라우라라는 프랑스 여인과의 사랑을 노래한 연애 시집 「칸초니에레」를 쓴 사람이지요. 그는 유럽 근대 문학의 창시자로 불리울 만큼 문학에 대한 대단한 업적을 남겼습니다.

단테

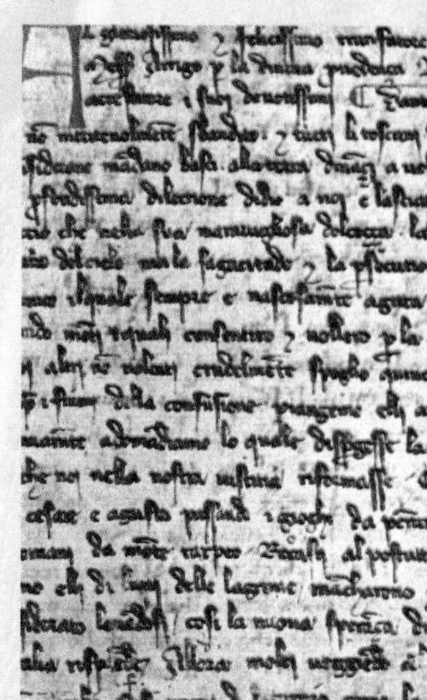
단테의 편지

보카치오

## [보카치오]

「데카메론」이라는 유명한 풍자 소설을 쓴 근대 산문 문학의 최고 작가입니다. 「데카메론」은 1348년 흑사병을 피하여 교외의 한 별장에 모인 사람들의 이야기입니다. 3명의 청년 신사와 7명의 숙녀들이 나눈 이야기를 간추려 엮은 소설이지요. 「데카메론」에는 중세 말기의 시민 감정과 타락한 성직자들의 모습이 잘 그려져 있습니다.

## [마키아벨리]

마키아벨리는 오랜 동안 플로렌스공국의 관리 생활을 한 사람입니다. 그는 1513년 정계에서 물러났습니다. 그는 그 이후 오직 책을 쓰는 일에만 전념하면서 살았는데 당시 그의 조국 이탈리아는 정치적인 분열과 갈등에 시달렸습니다. 마키아벨리는 보다 강력하고 독재적인, 새로운 성격의 정치 지도자가 나와야 한다고 생각했습니다. 그의 이 같은 생각을 담은 것이 바로 『군주론』이라는 유명한 책입니다.

마키아벨리는 이 책에서 정치를 종교로부터 분리시켜야 한다고 했습니다. 또 정치 지도자인 군주는 특별한 경우에는 목적을 위해 수단과 방법을 가리지 말아야 한다고 주장했지요. 그의 이러한 주장을 '마키아벨리즘'이라고 합니다.

지금까지 세상의 많은 독재 정치가들은 그의 이론을 악용하기도 했습니다. 마키아벨리즘 이론을 제멋대로 악용하여 자신들의 잘못을 변명하는 도구로 내세우곤 했지요.

그러나 마키아벨리가 주장한 '강력한 군주'는 그런 뜻이 아닙니다. 분산된 조국 이탈리아의 통일을 실현하는 데 그런 군주가 필요하다는 것이었지요. 세상의 모든 군주들이 다 그래야 한다고 바란 것은 아니었습니다.

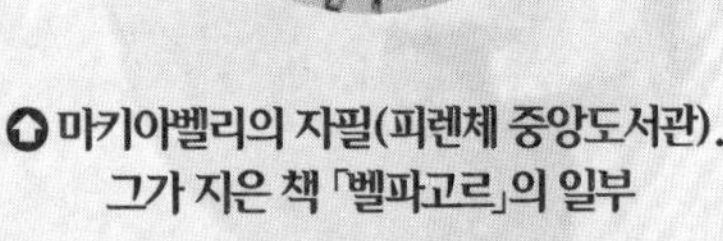
마키아벨리의 자필(피렌체 중앙도서관). 그가 지은 책 「벨파고르」의 일부

마키아벨리

# 르네상스의 꽃씨는 어디로 퍼져 나갔을까요?

토마스 모어

이탈리아에서 싹튼 르네상스의 화려한 꽃은 마키아벨리의 죽음과 함께 서서히 시들었습니다. 그러나 르네상스의 꽃씨는 알프스를 넘어 유럽 전역에 퍼져 나갔고 그 이념은 이어졌답니다.

[네덜란드의 에라스무스]

에라스무스는 16세기 최대의 인문주의자로 칭송 받습니다. 그는 교회 성직자들의 타락을 공격하는 글을 썼습니다. 이를 통해 그는 민중을 계몽하였지요.

[영국의 토마스 모어와 셰익스피어]

영국에서는 토머스 모어가 날카로운 현실 비판의 작품인 「유토피아」를 썼습니다. 모어는 이 책을 통해 잠자는 민중의 마음을 흔들었지요. 또 셰익스피어는 위대한 극작가로 눈부신 활약을 했습니다. 「햄릿」, 「리어 왕」, 「로미오와 줄리엣」 등의 작가가 바로 셰익스피어입니다.

[독일의 멜란히톤]

신학자 멜란히톤은 중세 교회의 잘못을 꼬집으며 신앙의 진실을 외쳤습니다.

[스페인의 세르반테스]

세르반테스는 이미 그 순수한 이념이 사라졌지만 여전히 존재하고 있던 중세의 기사도를 풍자했습니다. 「돈 키호테」가 바로 그의 걸작입니다.

돈 키호테<위>와 세르반테스의 동상<아래>

# 지구는 둥글다

제네바 출신의 콜럼버스는 서쪽으로 항해하면 인도에 닿을 수 있을 것이라는 신념으로 스페인의 지원을 얻어 항해를 떠났습니다. 1492년, 콜럼버스는 대륙에 도착했지만 그것은 사실 인도가 아니라 신대륙 아메리카였습니다.
콜럼버스가 가지 못한 인도를 찾아 마젤란이 나섰습니다. 마젤란은 인도에 도착하는 대신, 1521년에 최초로 지구를 한 바퀴 도는 새로운 일을 해내고야 말았습니다.

## 콜럼버스와 그의 달걀

**동방견문록**

이탈리아 출신의 마르코 폴로가 1271년부터 1295년까지 동방을 여행한 후 기록한 여행기입니다. 동방 세계에 대한 과장된 면이 많이 섞여 있기는 하지만 동방에 대한 이야기가 풍부하게 언급되어 있다는 것이 특징입니다.

이탈리아 반도의 북쪽에는 항구 도시 제네바가 위치해 있습니다. 그 곳에는 콜럼버스라는 한 모험심 많은 소년이 살고 있었습니다.

그는 항상 책 읽는 일에 빠져 있었습니다.

"콜럼버스! 너 또 책 읽고 있구나?"

어머니가 참견해도 콜럼버스는 오로지 한 권의 책에만 파묻혀 지냈습니다. 그 책은 다름 아닌 마르코 폴로의 「동방견문록」이었습니다. 콜럼버스는 그 책을 읽으며 가슴 속에 꿈을 키우곤 했습니다.

'내 평생의 목표는 동방 세계 여행이야.'

그러던 어느 날, 친구들이 그를 찾아왔습니다. 그런데 콜럼버스는 집에 없었습니다.

콜럼버스의 초상화

"집에 없는 걸 보니, 아마 항구에 나가 있을 거다. 그리로 한번 가 보려무나."

LARTE DEL NAVEGAR,
IN LAQVAL SI CONTENGONO LE Regole, dechiarationi, ſecreti, & auiſi, alla bona nauegation neceſſarij. Compoſta per l'Eccel. Dottor M. Pietro da Medina, & tradotta de lingua Spagnola in volgar Italiano, à beneficio, & vtilità de ciaſcadun Nauigante.
In Vinetia, ad instantia di Gioanbattiſta Pedrezano, libraro al ſegno della Torre, à pie del ponte di Rialto.
Con Priuilegio del Illuſtriſs. Senato Veneto. Per anni. xv.
M D LV.

콜럼버스 시대에 널리 읽히던 항해술에 관한 책

콜럼버스는 제노바 항구의 부둣가에서 뱃사람들이 주고받는 여행담을 듣고 있었습니다. 그는 갖가지 얘기를 들으면서 자신의 포부를 실현할 날을 기다렸지요.

'저 배를 타고 인도 땅에 가고 싶어.'

그 후, 콜럼버스가 열네 살이 되었을 때, 그는 생애 최초의 항해를 경험하게 되었습니다. 그리고 그 이후로 자주 배를 타게 되었지요. 그러나 마르코 폴로의 책에서 읽었던 나라는 근처에도 가 보지 못했습니다.

"선장님, 지구가 둥글다는 게 사실입니까?"

"정확하게 증명된 게 아니니까 별로 믿기지 않아."

그들은 그 때 이미 지구가 둥글다는 사실을 들어서 알고 있었습니다. 그러나 대강 그럴지도 모른다는 정도였지, 확신하는 사람은 많지 않았습니다.

콜럼버스도 마찬가지였습니다.

'증명되지 않았으니까 도전해 볼 만한 거야. 확실한 사실은 흥미가 없잖아.'

콜럼버스는 이렇게 '지구가 둥글다'는 증명되지 않은 사실에 더욱 흥미를 가졌습니다.

'세계가 정말로 둥글다면, 동쪽으로 항해한 마르코 폴로가 인도에 닿았듯이 서쪽으로 항해해도 똑같이 인도 땅에 다다를 수 있을 거야.'

콜럼버스는 이렇게 생각하면서 자신의 신념을 더욱 굳혔습니다. 그리하여 콜럼버스는 자신이 직접 탐험을 해 보기로 마음먹었습니다. 콜럼버스는 재력가들을 찾아다니며 자신을 지원해 달라고 부탁했습니다.

"전 서쪽으로 항해해서 인도에 갈 수 있습니다. 이것이 성공한다면 당신은 지구가 둥글다는 것을 증명한 후원자로서의 명예뿐만 아니라 막대한 이익도 얻을 수 있을 것입니다. 그러니 저의 모험을 후원해 주십시오."

그러나 후원자는 쉽게 나타나지 않았습니다.

"저 콜럼버스라는 사람은 정신이 이상한 거 같아. 어떻게 서쪽으로 항해를 하겠다는 거야?"

이렇게 모두들 콜럼버스를 바보

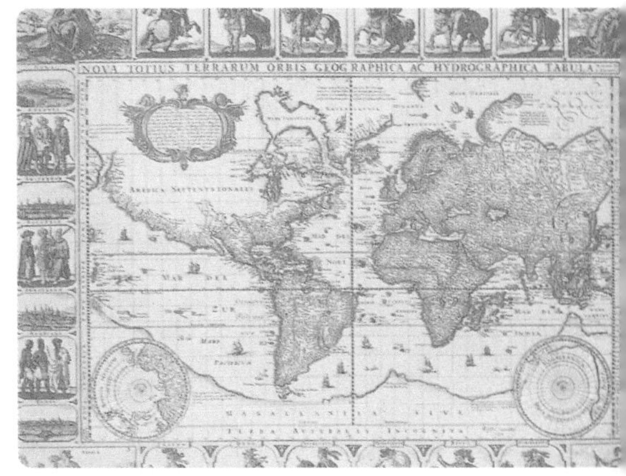


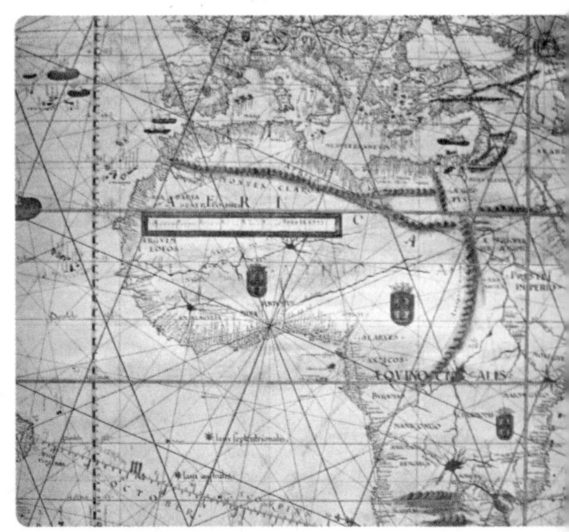

16세기의 항해 지도<위>와 아메리카 지도<아래>

라고 비웃었습니다.

'나에게 배가 있으면 얼마나 좋을까? 그럼 지금 당장이라도 떠나서 이 모든 것을 증명해 보일 수 있을 텐데…….'

물론 콜럼버스에게는 돈이 없었습니다. 먼 바다를 항해할 만큼 커다란 배를 사려면 돈이 있어야 했지요.

"아무도 도와 주지 않는다면 포르투갈로 떠나 도움을 요청하겠어요."

콜럼버스는 결심을 굳히고 말했습니다.

"거기 가면 당신의 말을 들어줄 것 같소?"

"포르투갈에는 용감한 모험가들이 많이 모여 있으니까요."

콜럼버스는 포르투갈이라는 나라로 후원자를 찾아 떠났습니다. 그 당시 포르투갈의 수도인 리스본에는 탐험가와 모험가가 많이 모여들고 있었습니다. 포르투갈 사람들은 바다와 모험을 특히 좋아하는, 모험심 강하고 용감한 사람들이었습니다.

"새로운 땅을 찾으러 떠날 생각이야."

"나도 함께 가세. 가서 우리의 영토로 만들자고."

그들은 바다에서 새로운 땅을 찾아 내어 자신들의 영토로 삼는 일에 한창 열중해 있었습니다.

'이 나라는 나의 말을 들어줄지도 몰라. 왕을 찾아가자.'

콜럼버스는 포르투갈 왕을 찾아가 자신의 계획을 설명했습니다.

"제 생각이 어떻습니까? 부디 저를 후원해 주십시오."

"우리의 관심은 남아프리카를 우회하는 항로를 개척하는 것이오."

왕은 콜럼버스의 말을 자세히 들으려고도 하지 않고 무시했습니다.

'여기서도 내 뜻을 알아 주지 않는구나. 할 수 없다. 스페인으로 가자.'

콜럼버스는 스페인의 페르디난드 왕과 이사벨라 여왕을 찾아갔습니다. 그런데 아주 뜻밖에도 왕과 여왕이 콜럼버스의 생각을 지지했습니다.

"정말 멋진 생각이오. 우리가 당신을 돕겠소."

콜럼버스의 배 산타 마리아 호와 일행들의 배(상상도), 그리고 실제 복원한 모습<왼쪽>

"콜럼버스, 내 보석을 팔아서라도 인도까지 가는 당신의 항해에 지원을 아끼지 않을게요."

특히 이사벨라 여왕이 그의 계획을 열성적으로 지지했습니다. 그러나 서쪽으로 항해하겠다는 선원은 없었습니다. 콜럼버스는 할 수 없이 감옥의 수감자들을 모집하게 되었지요.

"너희 중에 선원으로 지원할 사람이 있다면 감옥에서 꺼내 주겠다."

"그게 정말이오? 어떤 항해요?"

"서쪽으로 항해해서 인도 땅에 도착하는 것이다."

"서쪽으로? 그건 말도 안 되는 일이오."

그러나 이들 중에는 감옥 생활보다는 위험한 모험이 낫겠다고 판단한 죄수들이 있었습니다.

'이 곳에서 희망 없는 생활을 하느니 떠나는 게 나을지도 몰라. 잘하면 보물을 짊어지고 올 수도 있으니까.'

"내가 가겠소."

이렇게 해서 120명의 선원이 모였습니다. 선원의 대부분은 죄수들이었지요. 1492년 8월, 마침내 콜럼버스는 스페인의 팔로스 항을 떠났습니다.

"세 척의 배에 나눠 타도록 한다."

산타 마리아 호를 비롯한 니이냐, 핀타 등 세 척의 배에 선원들이 탔습니다. 배는 해가 지는 서쪽을 향하여 기운차게 전진했습니다.

'부디 안전한 항해가 되어야 할 텐데…….'

열흘이 지나고 스무 날이 지났습니다. 그러다가 달이 바뀌었습니다.

"지구가 어떻게 둥글어? 지구는 편평하단 말이야. 이대로 가다가는 낭떠러지로 떨어지고 말 거야."

"맞아. 이대로 가다가는 다 죽고 말겠지?"

선원들 중에는 아직까지 세상이 편평하다고 믿고 있는 사람들이 있었습니다. 그들은 단지 자유의 생활이 그리워 항해에 나선 것이었습니다.

'세상의 끝에는 천길 만길 까마득한 낭떠러지가 있어.'

이들은 이렇게 생각하며 겁을 먹었습니다.

"우린 벌써 여러 날을 항해했소. 그러나 아무것도 발견하지 못했소. 이제 그만 포기하고 스페인으로 돌아가 주시오."

"더 이상 가는 것은 미친 짓이야. 빨리 배를 돌려."

실제로 두 달이 가까워지도록 그들의 눈앞에는 아무것도 나타나는 것이 없었습니다. 망망대해만 계속되었지요.

선원들 사이에 서서히 반란의 기미가 싹트고 있었습니다.

"이렇게 돌아가면 지금까지 한 우리의 고생이 너무 헛되지 않겠소? 이제 곧 인도에 도착할 것이오. 조금만 더 힘을 냅시다."

"하루하루 참다가 오늘에 이르렀는데 더 이상 참는 것은 미련한 짓이야."

콜럼버스가 아무리 설득을 하려고 애써도 소용이 없었습니다. 선원들은 모의를 했습니다.

"전혀 돌아갈 생각이 없어 보이지?"

"우리 콜럼버스를 바다 속에 밀어 넣자. 그리고 우리끼리 돌아가자."

콜럼버스는 선원들의 이런 낌새를 알아차렸습니다. 그래서 선원들을 모아 놓고 한 가지 약속을 했습니다.

"조금만 더 나아갑시다. 인도가 아니더라도 어디든 육지를 찾아 내기만 한다면, 그것으로 만족하고 돌아가겠소."

이렇게 약속을 한 지 한 달이 넘었습니다. 그러나 콜럼버스 일행의 눈앞에 육지는 나타나지 않았습니다.

'선원들은 지쳤다. 더 이상은 기다려 주지 않을 것이다. 이대로 돌아가는 수밖에 없단 말인가…….'

콜럼버스는 희망을 포기하고 낙심해 있었습니다. 그런데 한 선원이 뭔가를 들고 콜럼버스에게 달려왔습니다.

"이걸 보세요. 바다에 둥둥 떠 있는 것을 건져 왔어요."

"이건 나무 열매잖아! 어디서 온 거지?"

그리고 얼마 후, 갑판 위에는 새들이 날아왔습니다.

"가까운 곳에 육지가 있다!"

나무 열매가 떠다니고, 해안에서 멀리 떨어져 살지 않는 물새들이 배 위까지 날아왔습니다. 이것은 바로 가까이 육지가 있다는 것을 말해 주는 것이었지요.

콜럼버스는 뛸 듯이 기뻤습니다.

"더 빨리 배를 몰아라."

그로부터 이틀째가 되는 밤, 드디어 그들의 눈앞에 육지가 보였습니다. 1492년 10월 12일의 일이었습니다. 세 척의 배가 육지에 닿았습니다.

아멘

"이게 몇 달 만에 맡아 보는 흙 냄새야?"

선원들은 미친 듯이 춤을 추었습니다. 콜럼버스는 땅에 엎드려 하나님께 감사의 기도를 올렸습니다. 그리고 자신이 찾아 낸 땅에 스페인의 국기를 게양했습니다.

"이 땅을 산살바도르라 부르겠다."

산살바도르는 스페인어로 '성스러운 주님의 땅' 이란 뜻입니다.

콜럼버스는 이 땅이 인도의 일부라고 생각했습니다.

"저기 사람들이 보입니다."

"저 원주민들은 인도 사람이구나. 인디언이야."

콜럼버스는 이들 인디언으로부터 금은보화를 얻어 내지는 못했습니다. 마르코 폴로가 중국에서 얻었던 것과는 다르게 말입니다. 콜럼버스는 선원들과 함께 스페인으로 돌아왔습니다.

콜럼버스가 신대륙에 상륙한 모습(상상도)

"콜럼버스가 돌아왔다."

"서쪽으로 항해해서 새로운 뱃길을 찾다니 대단해."

"그런데 좀 시시한데? 보물도 없고 말이야."

이런 이유로 콜럼버스에게 실망하는 사람도 많았습니다. 인도로 가는 새로운 뱃길을 찾아 냈다는 감동은 잠깐이었습니다. 사람들은 콜럼버스를 대단치 않게 여겼습니다.

어느 날, 콜럼버스는 스페인 왕의 신하들과 식사를 하게 되었습니다.

"어차피 지구는 둥글잖아. 그러면 누구라도 서쪽으로 항해하면 인도로 갈 수 있는 거야."

"하하하, 맞는 말이야. 당연하지. 별로 어려울 게 없다고."

사람들은 이런 말을 하며 콜럼버스를 비웃었습니다. 이런 사람들을 향해 콜럼버스가 말없이 달걀 한 개를 집어든 채 일어섰습니다. 그리고는 한참 만에 입을 열었습니다.

"누구든, 이 달걀을 모로 세워서 쓰러지지 않게 할 수 있는 사람이 있으면 나서 보시오."

사람들은 모두들 '그쯤이야…….' 하는 표정으로 달걀을 하나씩 집어들었습니다. 그러나 성공하는 사람은 하나도 없었습니다.

그러자 콜럼버스는 달걀의 뾰족한 쪽을 조금 깨뜨려 이지러지게 했습니다. 그러고는 그것을 식탁 위에 세웠습니다.

"아주 간단하군요?"

"그러게, 대단한 걸 보여 주는 줄 알았네."

콜럼버스는 이들을 향하여 말했습니다.

"물론 방법을 안다면, 어떤 일이든 쉽겠지요."

콜럼버스는 어리석은 사람들을 뒤로 한 채 유유히 돌아 나왔습니다.

마젤란의 초상

## 지구 한 바퀴를 돈 사람

콜럼버스 이후, 유럽에는 콜럼버스의 후배들이 나와 활동했습니다. 그들의 목표는 콜럼버스가 가지 못했던 인도였습니다.

포르투갈 사람 마젤란은 콜럼버스의 신대륙을 지나 인도로 가는 길을 찾아 나섰습니다. 이번에도 마젤란을 후원한 것은 그의 조국이 아닌 스페인이었습니다. 그는 희망을 품은 채 모두 다섯 척의 배를 이끌고 떠났지만

Maximiliani Transyluani Cæsaris
a secretis Epistola, de admirabili
& nouissima Hispanorũ in Orien
tem nauigatione, qua uariæ, & nul
li prius accessæ Regiones inuētæ
sunt, cum ipsis etiã Moluccis insu
lis beatissimis, optimo Aromatũ
genere refertis. Inauditi quoq. in
colarũ mores exponuntur, ac mul
ta quæ Herodotus, Plinius, Soli
nus atque alii tradiderunt, fabulo
sa esse arguunt. Contra, nonnulla
ibidē uera, nec tamen credibilia ex
plicant. quibuscum historiis Insu
laribus ambitus describit alterius
Hemisphærii, unde ad nos tandē
hispani redierunt incolumes.



마젤란의 세계 항해에 관한 보고서

곧 문제가 일어났습니다.

"선장님, 큰일났습니다. 배 한 척이 난파됐어요."

"아직 갈 길이 많이 남았는데……."

그는 할 수 없이 네 척의 배를 가지고 계속 남아메리카의 해안을 따라 내려갔습니다. 그리고 갖은 고난 끝에 오늘날 리우데자네이루라 불리는 곳에 이르렀습니다. 그러나 그로부터 얼마 지나지 않아 문제가 생겼습니다.

"너무 지쳤어. 조국이 그리워. 우리 도망가자."

이렇게 한 척의 배가 선단을 탈출하고 말았습니다.

"선원들이 지쳐 있다는 것은 내가 누구보다도 잘 알고 있소. 하지만 모험은 용기 있는 사람만이 할 수 있는 것이오. 난 여러분을 믿습니다."

마젤란은 절망하지 않았습니다. 그는 나머지 선원들을 격려하며 계속 전진했습니다.

"선장님, 드디어 우리가 태평양에 이르렀습니다."

그들의 눈앞에는 끝없이 넓은 태평양이 나타났습니다.

'너무나 고요하고 평온한 바다구나.'

지금까지 지나쳐 온 바다가 너무나 거칠고 험난했기에 마젤란은 태평양이 오히려 편안하게 느껴졌습니다. 이렇게 해서 마젤란은 마침내 태평양으로 들어섰습니다.

**이사벨라 여왕**

스페인 카스티야의 여왕으로 아라곤의 황태자 페르디난드와 결혼한 후 스페인을 통일하였습니다. 철저한 중앙집권정책을 폈으며 영토 확장에도 노력한 이사벨라 여왕은 콜럼버스를 꾸준히 원조한 것으로도 유명합니다.

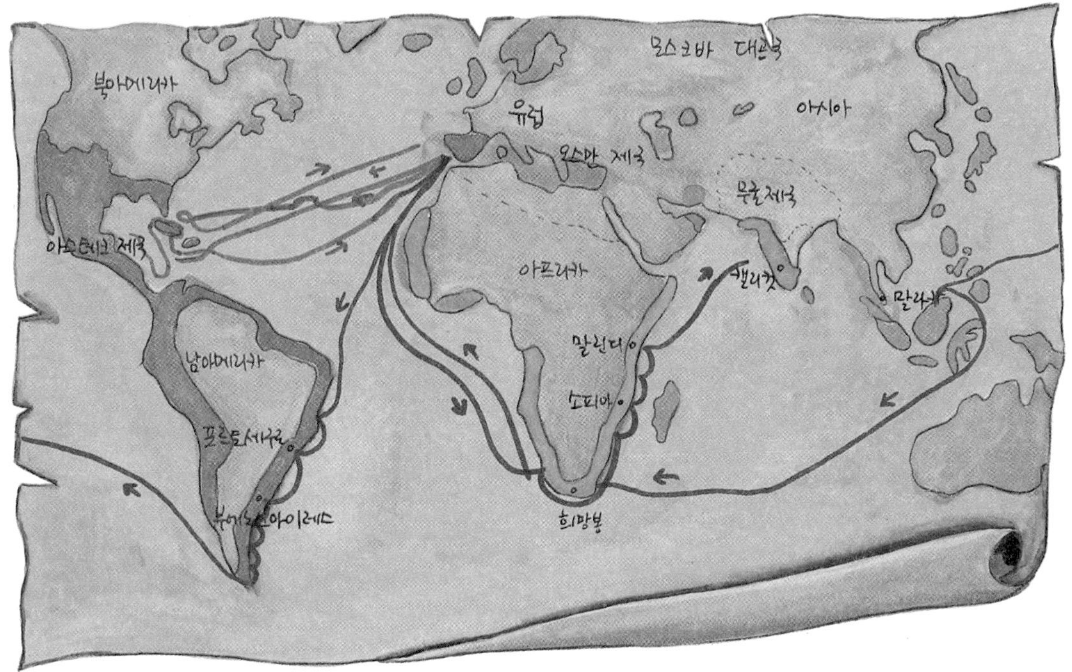


<개척 경로> 콜럼버스 바스코 다 가마 마젤란

**신항로 개척 지도**

"너무 배가 고픈데 식량은 진작에 바닥났어."

선원들은 배 밑바닥에 돌아다니는 쥐를 잡아먹기까지 했습니다. 그 와중에 죽은 사람들도 많았습니다.

'여기서 돌아갈 수는 없다.'

그러나 마젤란은 꺾이지 않았습니다. 마침내 그는 태평양의 한복판인 필리핀 군도의 한 섬에 상륙했습니다.

"이제 살았다. 여기서 식량을 구해 보자."

그런데 유감스럽게도 이 섬이 그만 용감한 탐험가의 무덤이 되고 말았습니다. 이 곳 원주민들과의 싸움에서 피살을 당하고 만 것입니다.

**바르톨로뮤 디아스**

포르투갈에서 태어난 디아스는 에티오피아의 발견을 명 받고 항해를 떠나 아프리카의 끝자락인 폭풍의 곶(훗날 희망봉으로 개명)을 발견하였습니다. 디아스는 바스코 다 가마의 항해를 얼마간 인도하기도 했습니다.

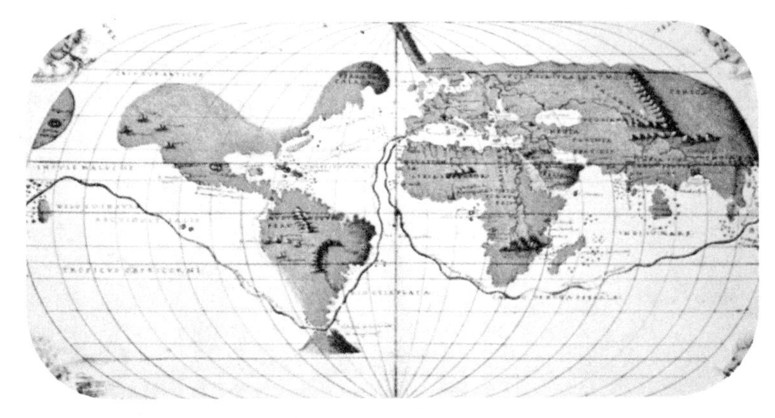

마젤란 항해 지도

"선장님, 제발 일어나십시오. 여기서 돌아가시면 안 됩니다."

"내가 없더라도 항해를 멈추어서는 안 되오……."

마젤란과 함께 많은 부하 선원들이 그 곳에서 죽었습니다. 배 한 척도 불에 타서 태평양 물 속에 가라앉았습니다.

섬을 탈출한 마젤란의 부하들은 황급히 배에 올랐습니다.

"우리 돌아가는 게 좋지 않을까?"

"그건 안 돼. 마젤란 선장님의 유언을 잊어서는 안 돼."

"그래, 우리의 항해는 계속될 거야."

선원들은 마젤란의 유언에 따라 곧장 앞으로 나갔습니다. 그러나 배 한 척이 또 폭풍에 쓰러져 가라앉아 버렸습니다. 이제는 빅토리아 호라고 하는 배 한 척만 남았습니다.

'너무나 쓸쓸한 항해로구나.'

태평양을 가로지른 선원들에게 아프리카 대륙이 보였습니다. 대륙의 남쪽을 끼고 돌아, 3년 전 마젤란과 함께 내려왔던 아프리카 해안

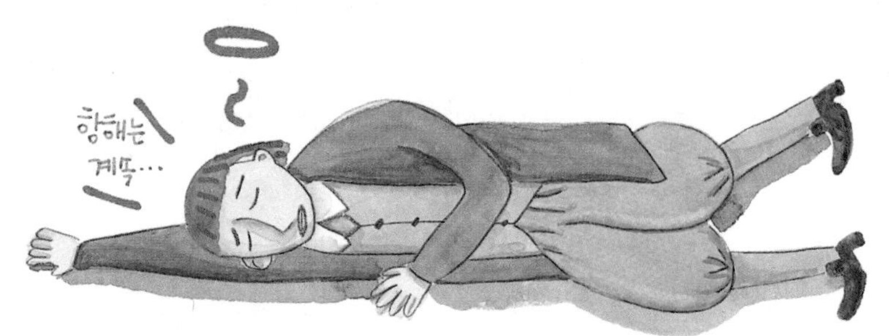

⬆ 서양인들의 신대륙 개척으로 파괴된 아메리카 대륙의 잉카 문명지 마추픽추

을 북으로 거슬러 올라갔습니다.

"저기 배 한 척이 오네. 어디서 온 거지? 누구의 배야?"

"배가 많이 낡아 보이는데?"

선원들은 처음 출발했던 항구 세비야에 도착했습니다. 부두에 있던 사람들은 저마다 낯선 눈으로 이 초라한 탐험선 빅토리아 호를 쳐다보고 있었습니다. 세계 최초로 지구 한 바퀴를 돌아 온 배를 사람들은 그 때 알아보지 못했던 것입니다.

"선원들이 배에서 안 내려오는데?"

빅토리아 호에 있던 마젤란의 부하 여덟 명은 한참 동안 배에서 내리지 않았습니다. 그들은 모두 울고 있었습니다.

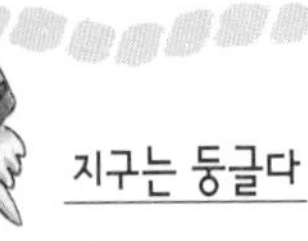



# 저기요, 선생님! 이런게 궁금해요

## 유럽인의 침입으로 원주민 문명이 파괴되었어요

유럽인들은 새롭게 발견한 신대륙 땅을 식민지화함으로써 많은 이득을 얻었습니다. 일찍이 유럽에서 보지 못했던 각종 새로운 물품들(담배, 옥수수, 감자 등)과 막대한 금은 유럽인들의 눈을 휘둥그레해지게 할 만했습니다. 새로운 식민지에 욕심을 가진 유럽인들은 이익을 차지하기 위해 신대륙에 머물던 원주민들을 무차별적으로 살상하고 그 문명을 파괴, 침탈했습니다. 그 때에 파괴된 대표적인 문명이 마야와 아스테크, 잉카 문명입니다.

태양의 돌

마야 문명의 중심지는 현재의 과테말라 북부와 멕시코 지역이었습니다. 화전 농사를 했던 마야인들은 옥수수 농경을 주로 했으며 가축을 길렀고 시장을 통해서 물건을 교환하기도 했습니다. 마야의 문화로는 서부의 시에 문화와 북부의 마몬 문화가 유명합니다.

아스테크 문명은 멕시코 중앙고원에 발달했던 문명이었습니다. 15세기 말부터 급속히 성장한 아스테크는 태양에게 인간의 피를 바쳤는데 주로 정복한 나라의 포로를 산 제물로 이용했습니다. 아스테크인들은 독특한 우주관을 가지고 있었으며 그 우주관으로 사회의 전반을 통제하였습니다. 아스테크는 16세기 초반 에스파냐의 침입으로 멸망하였습니다.

한편 잉카는 남아메리카의 페루와 볼리비아를 중심으로 퍼져 있었던 고대 제국입니다. 남페루 고원의 쿠스코에서 성장한 잉카는 페루 북부와 볼리비아, 칠레, 아르헨티나 지역까지 정벌했습니다. 그 당시 정복사업 외에 행정제도 및 공공건축에도 힘을 쏟은 잉카에서 가장 유명한 것은 태양성전과 마추픽추입니다.

그러나 방대한 영토 탓에 지배층 사이에 싸움이 생기면서 잉카 제국은 약해졌고 에스파냐에서 정복자들이 밀려들면서 멸망하고 말았습니다.

유럽인들에 의해 사라진 마야와 아스테크, 그리고 잉카 문명의 흔

마법사의 피라미드

적은 지금은 온전히 보전되지 못한 유적으로만 남아 있지만 그들의 독특하고 신비로운 문명은 아직까지도 많은 연구와 경외의 대상이 되고 있습니다.

마야 문자

## 모험심이 강한 탐험가들이 이 시기에 활동했어요

바스코 다 가마가 새겨진 메달

콜럼버스나 마젤란 외에도 신대륙을 발견한 시기에 수많은 탐험가들이 새로운 항로와 땅을 찾기 위해 나섰습니다.

먼저 살아 있던 시기에 신항로 개척을 보진 못했지만 항해의 왕자로 불렸던 포르투갈의 왕자 엔리케가 있습니다. 무역 항로 확립에 많은 관심을 가졌던 엔리케 왕자는 죽기 전까지도 탐험에 매진하여 그로 인해 신항로 개척의 불이 붙었다고 할 수 있을 정도입니다.

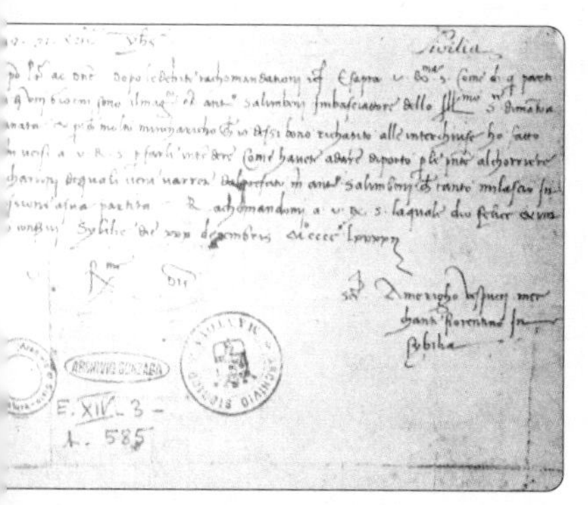

아메리고 베스푸치의 편지

포르투갈 출신의 탐험가인 바르톨로뮤 디아스는 1487년, 아프리카에서 희망봉을 발견했습니다. 이로써 이 길을 돌아 인도로 갈 수 있다는 희망을 얻게 되었습니다.

이탈리아 출신이었던 크리스토퍼 콜럼버스는 스페인 왕실의 지원을 받아 서쪽 항로를 뚫었고 1492년, 아메리카 대륙을 발견하게 됩니다.

역시 이탈리아 출신 아메리고 베스푸치는 프랑스 및 포르투갈, 에스파냐의 지원을 받아 1497년부터 신대륙을 4차례나 탐험하였고 그의 이름을 따 신대륙의 이름이 아메리카라고 붙여졌습니다. 그리고 1499년, 바스톨로뮤 디아스의 희망봉 항로를 따라 인도 항로까지 개척한 바스코 다 가마로 인해 포르투갈은 유럽과 인도의 무역 항로를 확보할 수 있었습니다.

바스코 다 가마

# 돈으로 열 수 없는 천국의 문

이탈리아에서 번져 나간 르네상스의 이념이 유럽 전역으로 퍼지면서 종교개혁이 일어났습니다. 교회의 면죄부 판매에 반대한 독일의 루터는 1517년 〈95개조 반박문〉으로 이 행위의 부당함을 알리며 가톨릭 교회의 새로운 분파를 만들었고 스위스에서는 칼뱅이 중심이 된 종교개혁으로 부패했던 기존의 교회에 대한 정화의 목소리를 높였습니다.

**면죄부**

가톨릭 교회에서 죄를 사해 준다는 명목 하에 신도에게 발행한 증명서입니다. 면죄부는 중세 말기에 가톨릭 교회의 재정이 악화되자 팔기 시작한 것으로 루터의 <95개조 반박문>에 의해 크게 반박되었으며 이후 트리엔트 공의회로 차차 사라지게 되었습니다.

이탈리아의 르네상스가 빛을 잃고, 유럽의 곳곳으로 번져 나갈 즈음이었습니다. 알프스의 북쪽 독일에서는 또 한 가닥의 거센 불길이 일어났습니다. 이것은 순식간에 전 유럽을 달아오르게 했습니다.

이것은 마틴 루터라는 사람이 주동이 되어 일으킨 종교개혁의 불길이었습니다. 그는 비텐베르크 대학의 신학 교수이며 가톨릭 교회의 설교사였습니다.

루터가 일으킨 개혁 운동의 직접적인 불씨는 교회의 면죄부 판매 행위였습니다.

"자, 면죄부를 사세요. 여러분의 죄를 씻어 줍니다."

면죄부는 죄를 씻었다는 표시로 내주는 일종의 증서였습니다.

면죄부를 팔고 있는 모습

"저걸 사면 어떻게 되는 거야?"

"지금까지 지은 죄를 씻을 수 있다는군."

"정말? 그럼 천국에 갈 수 있는 거야?"

교회는 돈을 받고 면죄부를 팔았습니다. 사람들은 너나할 것없이 몰려들었습니다.

"차분하게 줄을 서세요. 면죄부는 넉넉히 있습니다."

"새치기하지 마세요. 오늘 하루 종일 서 있었다고요."

마틴 루터는 사람들이 교회 앞에 길게 줄 서 있는 광경을 보고 깜짝 놀랐습니다.

'어떻게 교회가 저런 짓을 하지? 천국을 돈으로 사다니……. 이건 있을 수 없는 일이야.'

루터는 마음이 몹시 언짢았습니다.

그러나 면죄부를 사려는 사람들은 부자든 가난뱅이든 끊임없이 줄을 이었습니다.

"돈 없는 사람은 천국에 못 가나요? 저도 면죄부가 필요합니다. 제발 저에게도 한 장 주세요."

"면죄부는 돈을 가져와야 살 수 있습니다. 그냥 줄 수는 없어요. 어서 가서 돈을 가져오세요."

많은 사람들이 면죄부를 사기 위해 모여들었습니다. 그 중에는 죄를 많이 지은 나쁜 사람도 있었습니다.

하나님은 돈으로 인간을 심판하지 않는다!

'이 면죄부만 있으면 앞으로 도둑질도 실컷 할 수 있겠다. 지옥에 떨어질 걱정 같은 것은 안 해도 되고 말이야.'

사람들은 당연히 이런 생각을 했습니다.

"전 재산을 털어서라도 면죄부를 꼭 사고 말겠어."

그러자 교회는 더욱더 돈을 벌어야겠다는 욕심을 내기 시작했습니다.

'생각했던 것보다 대단히 잘 팔리는구나. 이대로만 간다면 곧 큰 부자가 될 수 있겠어.'

루터는 교회의 이런 잘못된 행동을 더 두고 볼 수가 없었습니다. 마침내 루터는 교회가 저지르고 있는 잘못된 점 95가지를 들어 개혁을 요구했습니다. 그는 교회의 현관문에 자기의 주장을 인쇄한 성명서를 게시했습니다.

"사람들이 왜 저렇게 모여 있지?"

"루터라는 사람이 교회에 반발하는 행위를 했다는데?"

루터의 주장은 이러했습니다.

· 하나님은 돈으로 인간을 심판하지 않는다.

· 면죄부에 의해서 죄인이 구원을 받을 수 있다고 가르

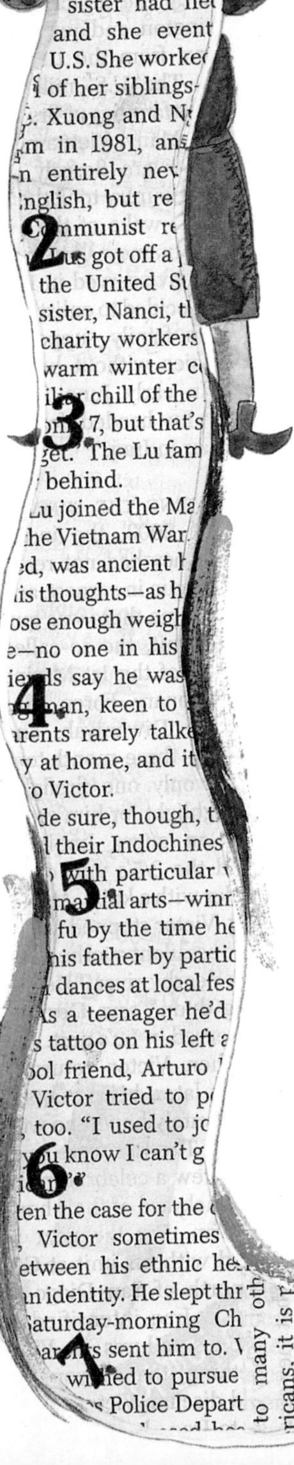

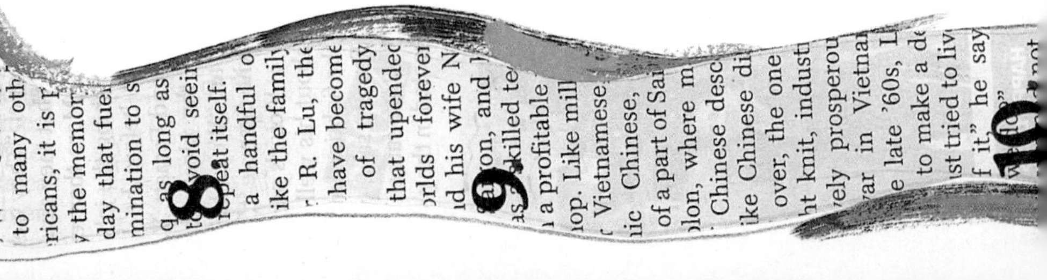

치는 교회나 그것을 믿는 사람은 바보다.

· 진심으로 뉘우치고 하나님의 가르침을 실천하는 사람이면 면죄부 없이도 천국에 들어갈 수 있다.

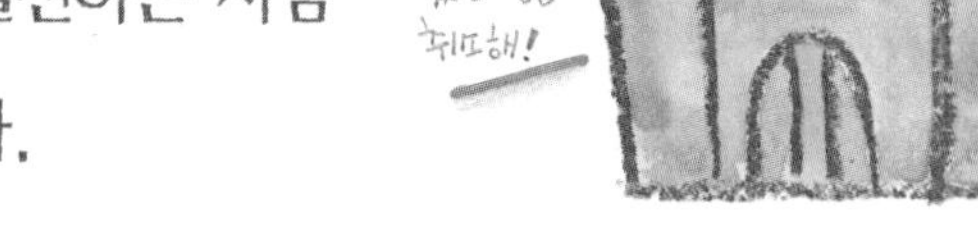


루터의 주장은 곧 커다란 논란거리가 되었습니다.

"교황님, 루터라는 사람을 어떻게 하면 좋을까요?"

"정말 골칫거리로군. 하지만 그를 따르는 사람이 많아서 함부로 처벌하기도 힘들어. 가서 루터를 잘 달래 봐."

교황은 루터에게 사람을 보냈습니다.

"교황님께서 이번 일을 너그러이 용서해 주신다고 합니다. 당신은 성명서를 없애고, 발언을 취소하세요. 그리고 교회에 사과하십시오."

그러나 루터는 교황의 요구를 단호하게 거절했습니다.

"아직도 자신들의 죄를 모르고 있군. 어서 돌아가시오. 난 교황의 말을 따를 수 없소."

그리고 루터는 교황의 편지를 다른 사람들이 보는 앞에서 불태워 버렸습니다.

"놀랍군. 이건 정말 대단한 반기를 드는 거야."

"루터가 미친 게 아닐까? 바보가 아니고서야 어떻게

**95개조 반박문**

가톨릭 교회의 면죄부 판매에 항의하여 루터가 비텐베르크 성의 교회에 붙인 글입니다. 종교개혁의 발단이 된 <95개조 반박문>은 라틴어로 쓰여졌으며 면죄부나 기부가 아닌 신도의 진실된 마음이 구원받을 수 있는 길이라는 이념을 추구하였습니다.

저런 행동을 하지? 교황이 가만 있지 않을 거야."

그러나 루터의 이런 용감한 행동에 박수를 보내는 사람들도 적지 않았습니다.

"난 루터의 용기에 감동했어. 솔직히 면죄부는 말도 안 되는 행위야. 우리가 어리석었어. 루터를 지지하겠어."

루터의 행동은 목숨을 걸고 하는 것이었습니다. 이런 그를 비웃는 사람들도 많았지만 그보다 더 많은 사람들이 루터를 따르기 시작했습니다.

그들은 가톨릭 교회에서 떨어져 나왔습니다. 그리고 루터를 중심으로 한 또 하나의 분파까지 만들었지요. 그러자 교황과 교회가 발칵 뒤집혔습니다.

종교개혁을 선서하는 루터

"루터가 나를 능멸하는 짓을 했다고? 거기다 새로운 분파까지 만들어? 이것은 하나님에 대한 모욕이다."

"할 수 없지. 스페인 왕에게 도움을 청하자."

당시의 스페인 왕은 열렬한 가톨릭 신자인 칼 5세였습니다. 그는 유럽에서

교황과 왕 앞에서도 자신의 주장을 굽히지 않는 루터(17세기)

가장 큰 세력을 가진 지도자로 오스트리아와 독일의 왕을 겸하고 있었습니다.

"루터를 설득하고 그에게 처벌을 내려 줄 수 있겠소?"

교황은 다짜고짜 칼 왕에게 말했습니다. 그러자 칼 왕은 루터에게 사신을 보냈습니다.

"당신을 절대로 해치지 않을 것을 약속하오. 나를 찾아와 주시오. 평화적으로 타협합시다."

루터는 왕의 약속을 믿고 그를 찾아갔습니다.

"루터, 스페인과 독일, 그리고 오스트리아의 왕으로서 지금까지 당신이 했던 말을 모두 취소할 것을 명령하오."

"그럴 수 없습니다."

칼 왕이 위엄 있는 목소리로 명령했지만 루터는 왕의 명령을 한 마디로 거절했습니다. 칼 왕의 신하들이 이 광경을 보고 들썩이기 시작했습니다.

"폐하! 저런 무례한 자를 그냥 보내서는 안 됩니다. 감옥에 가두어 죄를 묻고 화형에 처하십시오."

"엄하게 다스려서 왕과 교황의 권위를 보여야 합니다."

**칼뱅의 종교개혁**

프랑스의 신학자였던 칼뱅은 가톨릭 교회의 타락과 부패에 대해 회의를 갖고 로마 가톨릭 교회와 사상적인 결별을 고했습니다. 이단으로 몰린 칼뱅은 스위스로 피신하였고 여기서 본격적으로 종교개혁운동을 벌이게 되었습니다. 칼뱅은 예정설로 유명한데 이는 인간의 구원은 신에 의해 결정이 되어 있다는 이론으로 현세에서 신을 믿으며 직업에 최선을 다하고 사는 것이 가장 최선책이라는 것이었습니다.

**트리엔트 공의회**

1545년부터 열린 트리엔트 공의회는 종교개혁으로 일어난 교회의 분열을 수습하기 위해 1563년까지 총 19회에 걸쳐 열렸습니다. 트리엔트 공의회는 가톨릭의 신조를 지키면서 개혁의 필요성도 제기하였으나 이 회의로 인해 결국 로마 가톨릭과 프로테스탄트와의 분열이 더욱 심화되었습니다.

그러나 왕은 고개를 저었습니다. 루터에게 한 약속이 있었기 때문입니다. 왕은 그 약속을 지키고 싶었습니다.

"이번에는 그냥 돌려보내도록 하겠다."

이렇게 해서 루터는 무사히 돌아올 수 있었습니다.

그러나 루터가 돌아오자 그 친구들이 루터를 감옥 안에 가두어 버렸습니다.

"너의 목숨을 노리는 사람들이 너무 많아. 밖에 나가면 위험해. 차라리 너를 가두는 편이 안심되겠어."

⇧ 루터가 독일어판 성경을 번역할 때 피신했던 바르트부르크 성채의 외부<위>와 내부<아래>

루터의 친구들은 그의 신변 보호를 위해 일부러 그를 가둬 버린 것입니다. 감옥에 있는 한, 아무도 그를 해치지 못할 것이라고 생각했기 때문입니다.

루터는 갇혀 있는 동안, 라틴어로 쓰여져 있었던 성경을 독일어로 번역했습니다. 이것은 최초의 독일어판 성경책으로 널리 알려졌지요.

이 때부터 루터에게는 '독일의 헤라클레스' 라는 별명이 붙여졌고 따르는 사람도 많아졌습니다.

가톨릭 교회의 사제들 중에서도 루터의

종교개혁안에 찬성하여 수도원을 떠나는 사람이 생겨났습니다. 그들은 루터의 종교개혁안이 옳다고 믿었고, 더 많은 것이 고쳐지기를 바랐습니다.

"예배 절차도 바꾸어야 합니다."

그리고 그들은 이전의 방법과는 다른, 새로운 절차와 방법으로 예배를 드리기 시작했습니다. 모든 의식도 바꾸었습니다. 그런 뒤에는 스스로를 '신교'라 부르고 옛 가톨릭 교회를 '구교'라 불렀습니다.

이렇게 하여 같은 하나님을 믿고 같은 성경을 보는 그들은 둘로 나뉘어졌고, 이후에도 파가 다르다는 이유로 여러 번씩 충돌했습니다.

한때는 루터의 생각을 바꾸려던 칼 왕도 끝내는 왕위를 아들에게 물려주고 수도원으로 들어가 버렸습니다.

**프로테스탄트 교회**

루터와 칼뱅의 종교개혁으로 인해 로마 가톨릭에서 분리되어 성립된 분파입니다. 로마 가톨릭교회, 동방정교회와 함께 그리스도교의 3대 교파로 일컬어집니다. 훗날 베스트팔렌조약으로 신앙의 자유가 인정되면서 여러 가지 분파가 형성되었으며 스위스의 프로테스탄트 교회를 개혁교회 또는 장로교회라고도 부릅니다.

루터가 번역한 성경과 찬송가

## 피의 메리와 무적의 엘리자베스

영국의 헨리 8세는 후사가 없자 왕비와의 이혼을 결심했지만 당시 가톨릭교에서는 이혼이 금지되어 있었습니다. 이에 헨리 8세는 국왕이 영국 교회의 수장이라는 수장령을 발표하고 구교를 탄압했으나 뒤를 이은 메리 여왕은 아버지와는 반대로 신교도들을 박해하였습니다. 이 뒤를 이은 엘리자베스 1세는 수장령을 다시 따르고 국가를 번영시킴으로써 영국을 최고의 국가의 자리에 올려 놓았습니다.

칼 5세가 스페인의 왕이었을 당시, 영국의 왕은 헨리 8세였습니다. 헨리 8세는 교황이 신뢰하는 독실한 가톨릭 신자였습니다. 그런데 그에게는 아들이 없었습니다. 자신의 뒤를 이어 줄 왕자가 없다는 것은 큰 근심거리였습니다. 헨리 8세는 아들을 낳지 못하는 왕비 캐서린과 이혼을 하기로 결심했습니다. 새로운 왕비를 들이기로 한 것이지요. 그런데 가톨릭 신자는 이혼을 하면 곧장 파문을 당하게 되어 있었습니다.

헨리 8세의 행차 모습

헨리 8세는 로마에 있는 교황에게 자신의 특별한 사정을 호소했습니다. 그러나 교황은 왕의 간청을 거절했습니다. 교회법을 어길 수 없다는 이유에서였습니다. 헨리 8세는 교황과 국민들에게 선언했습니다.

"앞으로는 교황의 명령이나 간섭에 응하지 않겠노라!"

이후 헨리 8세는 자기 마음대로 이혼을 한 다음에 두 번째 왕비를 맞아들였습니다. 새로운 왕비는 전 왕비의 시녀였던 앤 불린이라는 궁녀였습니다.

헨리 8세는 영국의 모든 교회에 통보하였습니다.

"이제부터 교황의 말보다 나의 말을 따르라!"

그렇다면 헨리 8세 역시 종교개혁을 원했던 것일까요? 하지만 그보다 헨리 8세가 원한 것은, 자신의 이혼을 법적으로 인정받는 것이었습니다.

그는 루터의 종교개혁과는 다른 방향에서 교회의 제도를 뜯어 고쳤습니다. 우선 지금까지 로마 교황청으로 납부하던 세금을 모두 국왕에게 바치도록 했습니다. 또한 교황보다 국왕에게 더 충성하도록 했습니다.

이에 더하여 그는 영국 안에 있는 대부분의 수도원을 폐지했고 수도원의 토지와 재산들을 모두 빼앗아 왕실의 것으로 만들어 버렸습니다.

헨리 8세는 일생을 통하여 무려 6명의 여자와 결혼했습니다. 그에게는 두 명의 딸과 한 명의 아들이 있었습니다. 큰딸 메리는 이혼한 첫 번째 왕비 캐서린 사이에서 태어났

헨리 8세

앤 불린

**수장령**

국왕이 영국 교회의 최고의 위치에 존재하는 유일한 수장이라는 것을 규정한 법률입니다. 자신의 이혼 문제 때문에 일어난 분규로 인해 헨리 8세가 발표한 수장령은 이후 엘리자베스 1세 시대에 통일령과 함께 더욱 강화되었습니다.

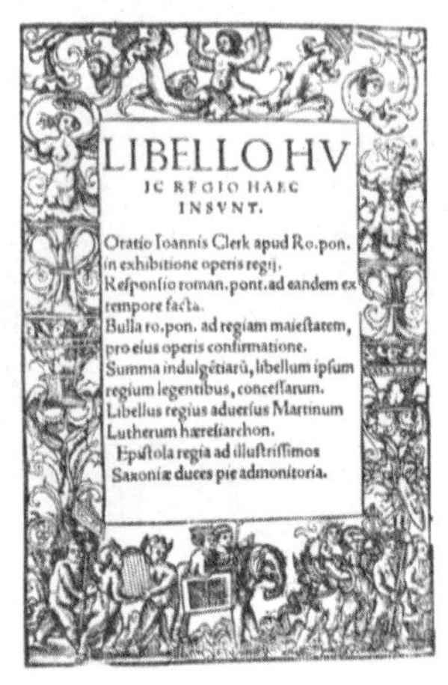
LIBELLO HV
IC REGIO HAEC
INSVNT.
Oratio Ioannis Clerk apud Ro.pon. in exhibitione operis regij.
Responsio roman. pont. ad eandem ex tempore facta.
Bulla ro.pon. ad regiam maiestatem, pro eius operis confirmatione.
Summa indulgētiarū, libellum ipsum regium legentibus, concessarum.
Libellus regius aduersus Martinum Lutherum hæresiarchon.
Epistola regia ad illustrissimos Saxoniæ duces pie admonitoria.

헨리 8세의 저작물 표지

고, 둘째 딸 엘리자베스는 두 번째 왕비 앤 불린과의 사이에서 태어났습니다. 그리고 헨리 8세의 뒤를 이어 왕위에 오른 에드워드는 세 번째 왕비의 소생이었습니다.

그러나 에드워드 왕자는 9세에 왕위에 올라 16세에 그만 세상을 떠나고 말았습니다. 그 뒤를 이은 것이 바로 캐서린의 딸 메리였습니다.

"정통 가톨릭 교회의 권위와 제도를 부활시키는 것이 나의 뜻이오. 이런 나의 뜻을 거스르는 자는 결코 무사하지 못할 것이오!"

그녀는 열렬한 가톨릭 신자였습니다. 아버지 헨리 8세와는 상반된 생각을 가지고 있었지요. 메리는 정권을 잡자마자 교회를 종교개혁 이전의 상태로 돌려 놓으려 했습니다. 물론 이런 그녀의 뜻에 반대하는 성직자와 신자들이 있었습니다. 메리는 그들에게 잔인한 형벌을 내렸습니다.



"이것은 반역과도 같은 것이다. 저자들에게 화형의 처벌을 내려라."

메리 여왕은 이런 식으로 영국의 전 성직자 8천 8백 명 중 2천여 명을 추방했습니다. 그리고 캔터베리의 대주교 크래머를 비롯한 3천여 명의 신교 신도들을 잔인하게 화형에 처했습니다.

"저보다 악독한 사람은 아마 없을 거야. 여왕의 이름만 들어도 몸이 떨릴 정도야."

"나도 그래. 소름끼치게 무서운 여왕이야."

이 같은 종교적 박해를 겪고 난 영국 사람들은 한결같이 치를 떨었습니다. 그들은 메리 여왕을 '피의 메리' 라고 부르며 벌벌 떨었습니다.

메리 여왕

메리 여왕은 당시 스페인 절대왕정의 최전성기를 이끈 스페인 왕 펠리페 2세와 결혼을 했습니다. 그런데 펠리페 2세도 메리와 같은 생각을 가지고 있었습니다.

"나도 당신의 뜻에 대 찬성이오. 신교도들을 가만 두어서는 안 된다고 생각하오."

펠리페 2세도 메리 여왕과 마찬가지로 신교에 대하여 아주 가혹한 사람이었습니다. 그는 메리 여왕과 힘을 합쳐 네덜란드를 비롯한 주변의 여러 신교 국가들을 탄압했습니다. 특히 네덜란드 신교도에 대한 탄압은 더욱 심했습니다. 펠리페 2세는 네덜란드에 군사를 주둔시켜 강력한 절대주의적 통치책을 폈고 이에 네덜란드에서는 크고 작은 독립전쟁이 일어났습니다.

그러나 메리 여왕은 왕위를 오래 지키지 못했습니다. 그녀

**절대왕정**

나라의 군주가 철저한 중앙집권적 통치로 나라를 다스렸던 정치체제를 말합니다. 전제군주제 또는 절대군주제라고도 부르며 17세기~18세기 유럽의 정치체제에서 찾아볼 수 있습니다. 루이 14세의 "짐은 곧 국가다."라는 말은 절대왕정을 가장 정확히 표현한 말이라 할 수 있습니다.

엘리자베스 1세와 그녀의 군대

는 집권한 지 5년 만에 세상을 떠났습니다.

메리 여왕의 뒤를 이은 사람은 그녀의 동생이었습니다. 바로 엘리자베스 튜더 여왕의 시대가 된 것입니다. 사람들은 메리 여왕의 시대가 끝난 것이 기뻤습니다. 그러나 한편으론 걱정스럽기도 했습니다.

"메리 여왕처럼 무시무시한 여자는 아니겠지?"

"설마 또 그렇게까지 하겠어?"

그런데 엘리자베스 여왕은 또 언니인 메리 여왕과는 정반대인 사람이었습니다. 그녀는 오히려 신교를 옹호하고 구교도들을 박해했습니다.

'아버지 헨리 8세가 보여 주신 그대로 행해야지.'

"나 엘리자베스 여왕이 영국 교회의 우두머리임을 선포하는 바이오."



엘리자베스 여왕은 헨리 8세가 그랬던 것처럼 로마 교황에 대하여 또다시 반기를 들었습니다.

"엘리자베스, 구교도 박해를 중지해 주시오."

당시 스코틀랜드 여왕이며 친척이기도 한 메리 스튜어트가 간곡히 부탁했습니다. 그러나 엘리자베스는 단호하게 거절했습니다.

"내 정책에 대해 반대하는 사람은 용서 할 수 없습니다. 아무리 친척이라도 말입니다."

엘리자베스는 메리 스튜어트를 감옥에 가두어 버렸습니다. 메리 스튜어트 여왕은 19년 동안이나 감옥에 갇혀 있다가 끝내 그 감옥에서 죽고 말았습니다.

엘리자베스 여왕은 여자이면서도 남자 이상으로 활달한 여왕이었습니다. 그녀는 큰 일 앞에서도 대담했고, 남자 못지 않은 용기를 보여 주었습니다.

어느 날이었습니다.

"스페인의 왕 펠리페 2세가 영국을 넘보는 것 같습니다."

엘리자베스 여왕에게 신하가 긴급히 알려왔습니다. 그녀가 처음 왕위에 오를 때만 해도 스페인은 유럽 세계에서 가장 강력한 나라였습니다. 게다가 스페인은 막강한 해군력을 자랑했습니다. 스페인의 함대는 '무적함대'라고 불릴 정도였습니다. 그 때문에 실제로 스페인은 영국을 탐내고 있었습니다.

'작은 섬 영국 따위는 식은 죽

### 3명의 메리 여왕

3명의 메리 여왕 중 메리 1세는 1553년부터 1558년까지 즉위했던 튜더 왕조의 여왕이었습니다. 그녀는 많은 신교도를 처형하여 '피의 메리'라고 불렸습니다. 1542년부터 1567년까지 즉위했던 스코틀랜드의 메리 여왕은 스튜어트 왕조의 여왕이었으며 신·구교도의 대립에 의해 희생되고 말았습니다. 또 메리 2세는 1689년에서 1694년까지 즉위하였으며 남편 윌리엄 3세와 공동으로 왕위에 올랐고 겸손한 성품으로 국민들에게 인기가 있었으나 32세의 나이에 죽고 말았습니다.

스페인의 무적함대(그리니치 국립해양박물관 소장)

먹기지. 우리 스페인의 막강한 힘을 보여 주자. 영국을 스페인의 땅으로 만들어 버리는 거야.'

이윽고 스페인 함대는 영국을 향해 출항했습니다. 그리고 이 소식은 빠르게 영국으로 전해졌습니다.

"스페인의 함대가 영국 쪽으로 오고 있다는 소식입니다."

"영국의 해군으로 스페인을 막을 수 있을까요?"

"걱정 마십시오. 우리 영국이 반드시 승리할 것입니다."

이렇게 해서 최강국 스페인과 영국의 전투가 시작되었습니다.

"영국 함대를 향해 대포를 쏴라!"

스페인 함대에서 먼저 영국 함대를

공격했지만 얼마 지나지 않아 스페인 병사들이 머뭇거리기 시작했습니다. 예상과는 다른 일이 일어난 것입니다.

"문제가 있습니다. 저희 대포가 영국 함대까지 닿지 않습니다."

스페인의 대포는 위력은 셌지만 사정 거리가 짧았습니다. 대신 영국의 대포는 사정 거리가 길었습니다.

"하하하. 이제는 우리 차례다. 스페인을 향해 대포를 쏴라."

이윽고 영국의 공격이 시작되었습니다.

"콰쾅! 콰콰쾅!"

대포 소리가 천지에 진동했고 그 때마다 스페인의 군함들은 하나씩 부서져 침몰했습니다. 결국 스페인 함대는 후회하지 않을 수 없었습니다.

"일단 퇴각한다. 스페인으로 돌아간다."

영국군의 승리였습니다. 무적함대를 가진 유럽의 최강국 스페인이 영국이라는 작은 섬나라에 눌려 맥없이 그 기세가 꺾이고 만 것입니다. 이 일 이후 스페인의 국력은 급속히 쇠퇴하고 말았습니다.

"무적함대도 별 거 아니군. 영국의 승리다. 세계 최강은 이제 우리야!"

이렇게 해서 영국은 강대국이라는 영예를 안았습니다.

또한 엘리자베스 여왕은 남자 이상으로 훌륭한 정치가이기도 했습니다. 이 때문에 그녀의 주변에는 능력 있고 충성스러운 신하들이 많았습니다.

엘리자베스가 여왕이 되고 얼마 후인 어느 날이었습니다. 그녀는 신하들과 함께 걸어서 시가 행차를 하고 있었습니다. 그러던 중 여왕이 잠시 발걸음을 멈추게 된 일이 있었습니다.

"여왕님, 무슨 일이십니까?"

엘리자베스 여왕

엘리자베스 여왕 앞에는 질퍽질퍽한 흙탕물이 놓여 있었습니다. 여왕을 수행하던 신하들은 모두 어쩔 줄 몰라 하며 쭈뼛거렸습니다. 그런데 한 청년이 여왕 앞에 섰습니다. 그는 랄레이라는 사람이었습니다.

"여왕님, 이것을 밟고 지나가십시오."

랄레이는 자신의 아름다운 빌로드 코트를 벗어 흙탕길에 펼쳐 놓았습니다.

'정말 멋있는 신사로구나. 내 곁에는 이런 사람이 필요해.'

엘리자베스 여왕은 랄레이의 태도에 감동했습니다. 그녀는 그를 기사로 삼고, '경' 이라는 칭호를 내렸습니다.

랄레이 경은 이후부터 여왕이 세상을 떠나는 날까지 여왕의 각별한 친구였습니다. 또한 충성된 신하로서 여왕의 곁을 지켰습니다.

엘리자베스 여왕은 약 45년 동안 영국을 다스리며 영국을 세계의 강국으로 발전시켰으며 이 시기는 영국의 르네상스 시대이기도 했습니다.

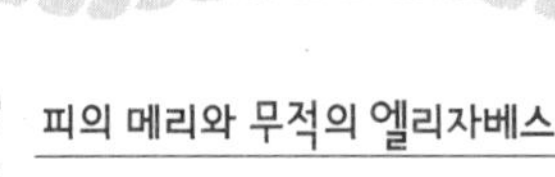



# 저기요, 선생님! 이런게 궁금해요

## 영국 최고의 극작가는 누구일까요?

엘리자베스 여왕 시대는 문화적으로도 크게 융성했던 시기였습니다. 이는 셰익스피어의 등장으로 인한 것이기도 했지요.

그가 「로미오와 줄리엣」을 처음 발표했을 때, 사람들은 그를 떠받들기 시작했습니다. 그의 천재성을 알아본 것이지요. 그는 자기가 쓴 희곡을 직접 자신이 연출하여 무대에 올렸습니다. 셰익스피어는 사우댐프턴 백작의 열렬한 후원을 받았습니다. 백작의 주선으로 엘리자베스 여왕의 궁정까지 자유롭게 출입할 수 있었지요. 여왕은 그의 재능을 누구보다 아끼고 칭찬했습니다. 셰익스피어는 영국 최고의 극작가가 되었습니다

그는 오늘날까지 그 가치가 변하지 않는 숱한 명작들을 써냈습니다. 「햄릿」, 「리어왕」, 「오셀로」, 「맥베스」, 「베니스의 상인」, 「한여름 밤의 꿈」 등이 그것입니다. 여러분들도 곧 읽게 되겠죠?

셰익스피어

## 셰익스피어는 어떻게 극작술을 익혔나요?

셰익스피어는 스트랫포드 온 에이븐이라는 작은 마을에서 태어났습니다. 셰익스피어의 아버지는 읍장까지 지낸 마을의 유지였습니다. 그러나 1577년경부터 집안이 기울면서 셰익스피어는 더 이상 상급학교로 진학할 수 없었습니다. 그는 혼자서 공부를 해야 했지요.

1582년, 그는 앤 해서웨이와 결혼하여 런던으로 거처를 옮겼습니다. 이 때 생계를 위해 선택한 일자리가 바로 극장이었습니다. 극장에 구경을 온 사람들의 말이나 마차를 지키는 일이었지요.

장차 자신이 주름잡을 극장에서 초라한 말지기 역할을 했던 것입니다. 영국이 "인도 땅을 모두 주어도 바꾸지 않겠다."고 할 정도로 자랑스럽게 여긴 작가가 말입니다.

셰익스피어는 가끔씩 연극의 단역 배우 노릇도 했고 틈틈히 연출가의 일을 돕기도 하였습니다. 그러면서 그는 극작술을 익혀 나갔습니다.

셰익스피어 생가

## 셰익스피어의 4대 비극은 무엇일까요?

영국 최고의 극작가 셰익스피어의 대표작은 그의 4대 비극이라고 할 수 있습니다. 바로 「햄릿」, 「오셀로」, 「리어왕」, 「맥베스」 입니다.

먼저 「햄릿」은 "죽느냐, 사느냐, 그것이 문제로다."라는 대사로 너무도 유명한 작품으로 왕자 햄릿이 아버지의 비극적인 죽음에 대한 복수를 위해 갈등하는 내용이 주를 이루고 있습니다.

「오셀로」는 흑인 장군 오셀로가 이아고라는 부하의 꾐에 빠져 사랑하는 아내 데스데모나를 죽이게 되는, 인간의 신뢰에 대한 비극적인 이야기를 그리고 있습니다.

「리어왕」에서는 자신의 세 딸에게 애정을 확인하고자 질문을 한 리어왕이 거짓과 진실을 구별하지 못한 채 끝내 진실한 대답을 한 딸을 죽음까지 이끌게 하는 이야기를 다룹니다.

「맥베스」는 권력과 야망에 휩쓸려 왕위를 찬탈한 맥베스가 자신이 저지른 죄를 고민하고 자신의 자리를 지키려고 어떤 추한 모습으로 변해 가는지를 그려 내고 있습니다.

셰익스피어의 4대 비극은 그 내용과 의미 면에서 세계 문학사에서 길이 빛날 위치를 차지하고 있으며 셰익스피어의 진정한 가치를 느끼게 해 주는 작품들입니다.

「햄릿」의 무대로 알려진 크론보리 성

## 국왕의 권리와 시민의 권리

엘리자베스 여왕의 뒤를 이어 스코틀랜드 왕 제임스 1세가 영국 왕위에 올라 독재를 시작했습니다. 이어 왕위에 오른 찰스 1세는 더한 폭정을 일삼음으로써 국민들의 분노를 샀고 결국 올리버 크롬웰이 주도한 청교도혁명으로 처형을 당하고 말았습니다. 그러나 혼란한 사회상으로 얼마 지나지 않아 다시 왕정으로 돌아왔고 왕위에 오른 찰스 2세 역시 폭정을 일삼아 명예혁명의 원인을 낳게 되었습니다.

**그레이트 브리튼 왕국**

잉글랜드와 스코틀랜드 왕국이 합동하여 성립된 그레이트 브리튼 왕국은 1707년부터 하나의 의회를 가지고 활동했습니다. 이후 1800년에는 아일랜드까지 합동하여 그레이트 브리튼 및 아일랜드 연합왕국이 되었습니다. 현재의 정식 명칭은 '그레이트 브리튼 및 북아일랜드 연합왕국' 입니다.

엘리자베스 여왕은 결혼을 하지 않았기 때문에 뒤를 이을 왕자가 없었습니다.

"영국의 다음 왕을 어떻게 해야 할까요?"

"영국에서 찾을 수가 없으니 이웃 나라를 살펴봅시다."

"스코틀랜드의 왕 제임스 스튜어트가 어떨까요?"

두 나라의 왕실은 서로 혈통이 같았기 때문에, 이것은 이상한 일이 아니었습니다. 당시의 스코틀랜드의 왕인 제임스 스튜어트는 메리 스튜어트 여왕의 아들이었습니다. 메리 여왕은 바로 엘리자베스에 의해 런던탑에 갇혀 있다가 죽은 여왕이었지요.

이들은 모두 튜더 왕조의 왕족들이었습니다. 그러나 영국 국민들 가운데에는 그를 싫어하는 사람들이 많았습니다.

"난 제임스 왕이 마음에 들지 않아. 게다가 영국 정통도 아니고 스코틀랜드 출신이잖아."

하지만 제임스 왕은 영국의 왕위는 하나님이 내려 주시는 것이라고 믿었습니다.

"왕은 신으로 받들어지는 것이 마땅하다. 백성들은 이것을 당연하게 생각해야 할 것이다."

그는 의회가 법률을 제정하는 것조차 금지시켰습니다.

"국민을 위한 법률을 제정한다고? 이것은 왕에 대한 모욕이야. 그런 행동은 용납할 수 없어."

찰스 1세의 초상

그러나 국민들은 이 같은 독재에 많은 불만을 품었습니다.

그들은 한 목소리로 주장했습니다.

"의회를 통해 국민들의 생각을 전합시다. 왕의 독재를 그냥 볼 수는 없습니다."

이윽고 영국 국민들은 의회를 통해 왕에게 항거했습니다. 그러나 제임스 왕은 들은 체도 하지 않았습니다.

"국민들의 의견은 들을 가치조차 없다."

그러는 사이 1625년, 제임스 왕의 아들 찰스 1세가 왕위를 이어받았습니다.

"아버지를 본받아 영국을 다스려야겠다."

그는 겉으로는 훤칠한 용모를 가지고 있었지만 세상을 올바로 보는 안목이 부족했습니다. 그런

**튜더 왕조**

절대주의 시대의 대표적인 영국 왕조인 튜더 왕조의 시조는 장미전쟁이 끝난 직후의 헨리 7세입니다. 또한 앞서 언급된 수장령의 헨리 8세는 종교개혁을 단행하였으며, 단명하였던 에드워드 6세, '피의 메리'라고 불렸던 메리 1세, 이어 엘리자베스 1세가 즉위하여 영국을 최고의 강국의 위치에 올려놓았습니다.

탓에 자기 멋대로 법을 제정하고, 안하무인의 행동을 했습니다. 왕이 되기에는 자질이 부족했던 것입니다.

"지금의 세금은 너무 적어. 조금 더 올리도록 하여라."

"그 문제는 의회의 승인이 필요한 문제입니다."

"뭐라고? 지금 왕의 명령을 거역하겠다는 것이냐! 당장 내 말대로 시행하라."

그는 이런 식으로 의회의 승낙도 얻지 않고 자기 마음대로 일을 처리했습니다.

"세금을 낼 돈이 없는 가난한 사람은 어떻게 하지요?"

"그럼 몸으로라도 때워야지. 군대로 끌어가도록 해. 그것이 왕인 나를 위해 당연히 해야 할 일이다. 그리고 부자들

런던탑. 17세기 초까지 왕궁으로 사용되기도 했는데 이 곳에 많은 유명인사들이 감금되기도 했다.

에게도 더 많은 기부금을 걷자."
그는 기부금을 선뜻 내지 않는 부자는 감옥에 집어넣기까지 했습니다. 또한 경비를 절약한다는 명목으로 군인들을 민가에 분산시켜 먹고 자게 했습니다. 많은 세금으로 고통 받던 시민들은 군인들의 뒷바라지까지 하면서 이중 삼중의 고통을 겪게 되었습니다. 결국 이런 일들은 의회와 시민들을 분노하게 했습니다.

찰스 1세의 사형 집행 장면

"더 이상 왕의 이런 모습을 참아줄 수 없다. 우리 모두 왕에게 청원서를 내도록 하자."
의회는 마침내 국민의 권리를 주장하는 청원서를 제출했습니다.
이것이 바로 유명한 '권리청원' 입니다.
그러자 찰스 1세는 발끈했습니다.
"누가 감히 왕의 권위에 도전한단 말이냐. 당장 주동자를 잡아들여라."
왕은 의회를 해산하고 9명의 의원을 런던탑에 감금

올리버 크롬웰

시켰습니다. 그리고는 다짐했습니다.

'귀찮은 의회. 앞으로는 의회 간섭 없이 정치를 해야지.'

찰스 1세의 이 같은 전제 정치는 꼬박 11년 동안이나 계속되었습니다. 시민들은 더 이상 참지 못하고 분노를 폭발시키고 말았습니다.

"말로 해서는 안 되겠군. 우리가 나서자. 왕을 직접 몰아 내야겠다."

이윽고 1649년 1월, 시민들은 일어섰습니다. 그들은 올리버 크롬웰이 이끄는 혁명군을 따라 왕을 몰아 내는 데 앞장섰습니다.

이로부터 수 년 동안, 영국은 왕 대신 크롬웰에 의해서 다스려졌습니다.

"크롬웰이 조금 거칠어 보이지 않아?"

사람들의 눈에는 그가 무례하게 비춰졌습니다. 외모도 그렇고, 마치 독재자처럼 국민들을 엄하게 다스렸기 때문이었습니다. 그러나 실제로 그는 아주 정직하고 신앙심도 깊은 사람이었습니다.

그에게는 엉터리라는 것이 절대로 통하지 않았습니다.

어느 날의 일이었습니다.

네이비즈 전투에서 활약 중일 때의 크롬웰

"초상화를 그릴 전속 화가가 왔습니다."

화가는 크롬웰의 얼굴을 그리기 시작했습니다. 그런데 화가는 크롬웰의 얼굴 한쪽에 달려 있는 커다란 혹을 보고 고민에 빠졌습니다.

'못생기게 그리면 크롬웰이 화를 내겠지? 저 혹을 빼고 그리자. 그럼 한결 나을 거야.'

이렇게 판단한 화가는 혹을 그리지 않고, 크롬웰을 아주 미남자의 모습으로 그린 뒤 보여 주었습니다.

"초상화가 완성되었습니다."

그런데 크롬웰은 화가가 그린 초상화를 받고는 그 그림을 찢어 버렸습니다. 그리고 버럭 화를 내며 소리쳤습니다.

"생긴 그대로 다시 그려 주시오. 보기 흉한 혹이지만, 그것도 내 얼굴에 매달린 진실의 한 부분이오."

이런 그의 올곧은 심성에 국민들은 감명을 받았습니다. 올리버 크롬웰은 비록 왕은 아니었지만, 국민들은 그를 왕이나 마찬가지라고 생각했습니다.

크롬웰이 죽은 후, 그의 아들이 크롬웰의 자리를 이었습니다. 그러나 아들은 아버지만큼 유능한 정치가가 못 되었습니다. 그는 몇 달 만에 호국경의 자리에서 물러났습니다. 이로써 영국은 다시 왕이 다스리는

**호국경**

호민관이라고도 하며 영국의 청교도혁명 이후 만들어진 최고 행정관의 지위입니다. 입법권, 행정권, 관리임명권, 군사권, 외교권 등 명실공히 최고의 권력을 가지고 있었으며 올리버 크롬웰이 처음으로 취임하여 독재에 가까운 권력을 행사했습니다. 올리버 크롬웰 이후 아들이 뒤를 이었으나 곧 사임하였고 이후로 호국경 정치는 끝났습니다.

나라가 되었습니다. 그런데 이 때 왕위에 오른 사람은 다름 아닌 악명 높은 찰스 1세의 아들이었습니다.

"들었어요? 찰스 2세가 영국으로 돌아왔어요."

"부디 영국을 잘 다스려 주십시오."

시민과 의회는 간곡하게 부탁했습니다.

"물론이오. 나를 믿고 따라와 주시오."

찰스 2세는 흔쾌히 대답했지만, 사실 그는 방탕하고 욕심이 많았으며 매우 사치스러운 사람이었습니다. 게다가 시민들이 자신의 아버지를 죽였다는 원한을 가슴 깊이 간직하고 있었습니다.

⬆ 메리 2세와 윌리엄 3세. 영국이 안정을 되찾은 것은 제임스 2세의 딸이었던 메리 2세 때부터였다. 그녀는 윌리엄 3세와 결혼해 네덜란드로 갔다가 돌아와 '권리선언'을 수락하고 남편과 함께 왕위에 올랐다.

'영국 사람들은 나의 아버지를 해쳤다. 그 원수를 꼭 갚고 말겠어.'

찰스 2세는 갖가지 악한 일을 서슴지 않고 저질렀습니다. 그는 많은 사람들을 죽였습니다. 이미 죽은 사람이면 무덤을 파헤쳐서 시체의 목을 베기도 했습니다.

"자기 아버지와 똑같은 위인이군! 다를 게 하나도 없어."

그러나 찰스 2세가 한 일 중에서 가장 나빴던 일은 따로 있었습니다. 그는 1670년, 프랑스의 루이 14세와 비밀조약인 '도버조약'을 맺었습니다.

"우리 상공업 분야의 이권을 프랑스에 팔면 많은 돈을 벌 수 있을 거야."

그는 당시 적국이던 프랑스에 상공업 분야의 이권을 몰래 팔아 넘겼습니다. 오로지 이것은 찰스 2세의 개인적인 이익을 위한 것이었습니다.

찰스 2세가 세상을 떠나고, 영국의 왕이 된 사람은 그의 동생 제임스 2세였습니다. 그러나 그 역시도 형과 같이 왕의 권력만을 내세운 왕이었습니다. 영국의 앞날은 이렇게 암담하기만 했습니다.

**도버조약**

영국의 찰스 2세와 프랑스의 루이 14세가 1670년 체결한 도버조약은 프랑스로부터 영국이 원조를 받는 대신 가톨릭교를 부활할 것, 영국과 프랑스가 연합하여 신교국 네덜란드를 타도할 것이 주요 내용이었습니다. 특히 가톨릭교를 부활하는 내용은 비밀조약으로써 찰스 2세의 전제주의 정책이 스며든 것이었습니다.

엘리자베스 여왕 시대의 영국 함대

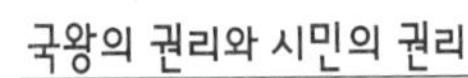


# 저기요, 선생님! 이런게 궁금해요

## 최초의 시민혁명인 청교도혁명이 일어났어요

혁명에 참여한 여성들

엘리자베스 1세 때에 최고의 절대주의 국가이자 강국으로 발돋움했던 영국은 스튜어트 왕조로 넘어오면서 흔들리기 시작했습니다. 강력한 왕권의 행사에도 불구하고 강국이라는 목적 하에 절대주의에 대한 별다른 비판이 없었던 이전 집권기에 비해서 스코틀랜드 출생의 제임스 1세부터는 의회 자체를 부정하고 왕이 법 위에 선다는 왕권신수설을 주장함으로써 큰 반발을 낳았습니다. 왕권신수설이란 왕의 권력은 신에게서 받은 것이며 국민은 왕에게 절대 복종만을 해야 한다는 이론입니다.

찰스 1세는 더욱 강력한 정책으로써 의회를 탄압했고 국민들에게 폭정을 휘둘렀습니다. 이에 의회에서는 국민의 권리를 보호하기 위해 인권선언을 만들었는데 이것이 바로 권리청원입니다. 권리청원에는 의회 동의 없이 강제로 과세하지 않을 것, 법에 의하지 않고 체포나 구금하지 않을 것, 민간인을 군법으로 재판하지 않을 것 등 자유에 대한 권리를 보장하라는 내용이 실려 있었습니다. 권리청원은 마그나카르타, 권리장전과 함께 영국 법의 성경으로까지 불릴 정도로 법과 인권의 기본적 이념을 잘 제시하고 있었습니다.

권리청원에 분개한 찰스 1세는 의회를 해산시키고 더욱 강력한 전제정치를 폈습니다. 11년 동안이나 의회 소집 없이 정치를 했던 찰스 1세의 폭정을 참지 못한 시민과 의회의 반란으로 청교도혁명이 일어났던 것입니다. 1640년에서 1660년까지 일어났던 최초의 시민혁명인 청교도혁명으로 영국은 잠시 동안 군주제에서 공화국으로 바뀌었답니다.

## 평화로운 시민혁명-명예혁명

도망치는 제임스 2세

공화국으로 바뀌었던 영국을 호국경으로써 다스린 올리버 크롬웰이 죽은 후 영국은 다시 군주제로 바뀌었고 찰스 1세의 아들 찰스 2세가 왕위에 오르게 되었습니다. 이러한 찰스 2세와 이어 왕위에 오른 제임스 2세도 폭정을 일삼자 국민들의 반감이 서서히 쌓여 갔습니다. 제임스 2세는 가톨릭교를 부활시키기 위해 갖은 애를 썼고 이 과정에서 왕자가 태어나 그리스도교였던 장녀 메리가 왕위를 계승할 가능성이 없어지자 의회는 메리와 그의 남편인 네덜란드 총독 윌리엄에게 귀환을 요청했습니다. 이에 1688년, 메리와 윌리엄은 군대를 이끌고 런던으로 진격했고 제임스 2세가 도피한 가운데 두 사람이 공동으로 왕위에 올랐습니다. 이러한 일련의 일들이 피를 보지 않고 이루어졌기 때문에 명예혁명이라는 이름이 붙은 것입니다.

이 때 의회는 두 사람에게 권리선언을 제출하였는데 이것이 바로 훗날 권리장전이라는 이름으로 더 알려진 선언입니다.

권리장전의 주요 내용은 의회 동의 없이 왕권으로 법률을 만들거나 집행하지 않을 것, 의회 동의 없이 과세하지 않을 것, 국민의 자유로운 청원권을 보장할 것, 의회에서 언론의 자유를 보장할 것 등이었습니다.

권리장전은 영국의 절대주의가 끝낸 계기가 되었으며 이후 영국 의회 정치는 크게 발달하게 됩니다. 또한 권리장전은 미국의 독립선언, 버지니아 권리장전, 매사추세츠 권리선언, 프랑스 인권선언에 큰 영향을 끼쳤습니다.

## 내가 곧 국가다

루이 13세와 리슐리외가 세상을 뜬 후 어린 루이 14세를 대신해 도트리시와 재상 마자랭이 섭정을 했습니다. 강력한 절대주의 정책을 실시한 마자랭의 집권 이후 1661년, 실권을 잡은 루이 14세는 "내가 곧 국가다."라는 이념으로 프랑스 절대왕정의 절정기를 이끌었습니다. 하지만 이어진 전쟁과 루이 14세의 욕심이 낳은 베르사유 궁전의 무리한 건축으로 백성들의 반감이 일어나고 있었습니다.

**마자랭**

부르봉 왕조의 절대주의 시기의 대표적 인물인 마자랭은 이탈리아 사람으로 프랑스에 귀화한 이후 왕가의 전폭적인 지지를 받았습니다. 마자랭은 절대주의를 지속시키기 위해 노력하였으며 에스파냐 전쟁의 승리를 이끌었고 문화정책에도 큰 힘을 썼습니다.

30년전쟁 후, 프랑스는 많은 영토를 얻었고, 이로써 서유럽의 최대강국으로 떠올랐습니다. 이 모든 계획을 이끌었던 리슐리외는 곧 세상을 떠났고, 그 무렵 루이 13세마저 세상을 등졌습니다. 그 뒤를 이어 그의 아들 루이 14세가 왕위를 물려받았습니다. 그러나 이 때, 루이 14세는 겨우 5세였습니다. 그 때문에 어머니인 도트리시가 어린 왕을 대신하여 나랏일을 돌보았습니다.

"왕이 아직 어리니 클 때까지만 어머니인 내가 왕을 대신하겠어요."

그리고 그녀는 왕의 정치를 도와 줄 재상을 찾았습니다. 그 때 도트리시의 눈에 들어온 사람이 있었습니다.

"로마 교황의 사절로 온 마자랭이라는 사람이 어떨까?"

루이 14세

"하지만 그는 프랑스인이 아닌데요."

도트리시가 묻자, 신하들은 난색을 표시했습니다.

"우리에게 필요한 사람은 능력 있는 사람입니다. 국적은 상관없어요."

도트리시는 이탈리아 사람인 마자랭을 재상으로 임명했습니다. 그는 정치의 여러 가지 실무적인 일들을 맡아 보게 되었습니다. 그러나 자국에 대한 자존심이 강한 프랑스 국민은 외국인인 마자랭을 환영하지 않았습니다. 그들 눈엔 마자랭이 별 볼일 없는 이탈리아인일 뿐이었습니다.

"흥! 우리 프랑스에도 마자랭만한 인물은 얼마든지 있어."

"맞아. 우리가 왜 외국인에게 지배를 받아야 하지?"

고등법원의 판사들 역시 국민의 편을 들어 반발했습니다.

마침내 마자랭과 고등법원이 충돌했습니다. 마자랭은 이들의 반란을 누르려 했습니다.

"판사들을 잡아 가둬라."

마자랭

그러나 결과는 오히려 더 나빠지고 말았습니다. 파리의 시민들이 들고 일어났던 것입니다.

"마자랭을 프랑스 땅에서 내쫓자."

왕실은 당황했습니다. 왕의 어머니인 도트리시는 서둘러 특명을 내렸습니다.

"갇힌 판사 2명을 석방하도록 하여라."

그러나 한번 터진 불만은 쉽게 가라앉지 않았습니다.

전국 곳곳에서 시위가 그치질 않았습니다. 국민과 왕실의 이 같은 불화는 장장 5년이나 계속되었습니다.

귀족들까지 가세한 몇 차례의 반란이 또 있었습니다. 그러나 마자랭은 그 때마다 위기를 잘 수습하였습니다. 결국 1625년에는 전국의 반란 세력을 모두 소탕해 버리는 데 성공했습니다.

그 즈음, 국민들도 이제는 마자랭의 뛰어난 실력에 굴복하지 않을 수 없었습니다.

"마자랭이 얄밉기는 하지만 그 대단한 실력은 사실이야. 마자랭의 실력을 인정하지 않을 수 없군."

그러나 이러한 안정을 누구보다 기뻐한 것은 혼란의 중심에 서 있었던 마자랭 자신이었습니다. 마자랭은 드디어 자신의 뜻을 펼칠 때가 왔다고 생각한 것입니다.

**프롱드의 난**

루이 14세의 어머니로 어린 왕 대신 섭정을 한 도트리시와 재상 마자랭에 대한 저항이자 내전이었던 이 난으로 왕권은 크게 위협을 받았으나 진압 후 오히려 마자랭의 권한은 강해졌습니다. 프롱드는 당시에 유행하던 돌팔매 용구의 이름이었습니다.

'이제야 안정을 찾은 듯싶구나. 이제부터 본격적으로 프랑스를 다스려 보자.'

그는 국민들로부터 절대적인 존경을 받는 지도자는 아니었습니다. 하지만 프랑스 왕실을 위해서는 유능하고 필요한 재상이었습니다.

루이 14세의 왕비 마리 테레즈와 왕자

이렇게 도트리시와 마자랭의 섭정 아래에서 프랑스는 안정을 찾아갔고 루이 14세도 점점 커 가고 있었습니다.

루이 14세가 청년으로 성장하여 직접 나라를 다스리게 되었을 무렵, 걱정스러운 일이 발생했습니다.

"마자랭, 적국 스페인과의 불화가 점점 깊어만 가고 있소. 이 일을 어떻게 하면 좋겠소?"

"폐하, 좋은 생각이 있습니다. 스페인의 공주와 혼인하십시오. 그럼 그 동안의 불화를 해소할 수 있을 것입니다."

과연 마자랭의 생각은 옳았습니다. 곧 루이 14세와 스페인 공주 마리 테레즈가 결혼을 하였고 스페인과의 오랜 불화도 눈녹듯 사라졌습니다. 그러나 이로부터 얼마 지나지 않아 불행한 일이 닥쳤습니다.

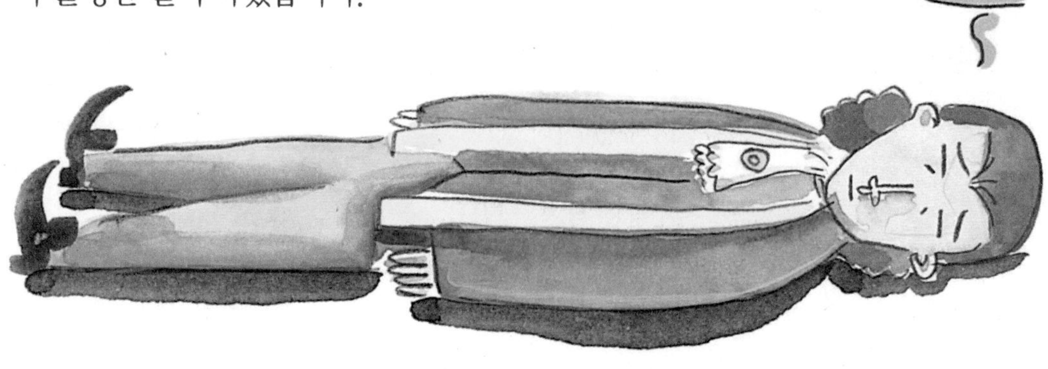

루이 14세가 태어난 생제르맹앙레 성

"국왕 폐하, 큰일났습니다. 마자랭 재상께서 돌아가시고 말았습니다."

"프랑스의 큰 인물이 사라졌구나. 정성을 다해서 장례 준비를 하여라."

마자랭이 죽고 나자, 프랑스에는 또다시 혼란이 일어났습니다. 무엇보다 마자랭 때문에 숨죽이고 있던 귀족들이 꿈틀대며 일어났습니다.

"마자랭 때문에 그 동안 너무 억눌려 있었어. 이제 그가 없으니 다시 우리 세상이야."

많은 귀족들은 기다렸다는 듯이 권력 싸움을 벌였습니다. 그러나 귀족들의 기세에도 루이 14세는 굳건했습니다.

'저들은 아직도 날 어린애로 알고 있는가?'

이미 청년으로 성장한 루이 14세는 귀족들의 권력 싸움에 말려들지 않았습니다.

"새로 재상을 뽑아야 하지 않을까요?"

"아니, 재상은 필요 없소. 이제 나 혼자 힘으로도 충분히 다스릴 수 있소."

루이 14세는 신하들의 충고를 한 마디로 거절했습니다. 그런데에는 그만한 이유가 있었습니다. 루이 14세는 마자랭

을 존경했지만, 한편으로는 반감도 품고 있었습니다. 프랑스의 왕인 자기를 제쳐 놓고 제멋대로 우쭐대는 마자랭이 내심 미웠던 것이지요.

'더 이상 다른 사람의 그늘 속에 파묻혀 있고 싶지 않아.'

굳게 결심한 루이 14세는 자신이 직접 정치를 주관하며 점점 욕심을 드러내기 시작했습니다.

'대신이나 관료들을 내 마음대로 움직여야지.'

다시 말해서 루이 14세가 원한 것은 독재 정치였습니다.

그는 귀족들과 국민들 앞에서 대놓고 선언을 했습니다.

"짐이 곧 국가로다!"

이 말은 곧 왕이 국가의 주인인 동시에 국가 그 자체라는

**콜베르**

마자랭에 의해 발탁된 콜베르는 프랑스의 경제 발전과 개혁에 힘을 쓴 인물입니다. 나라의 경제 정책을 중상주의에 바탕을 두었던 콜베르는 수출을 진흥하였고 공업을 육성하였습니다. 하지만 국가에서 지나치게 상업에 간섭한 덕택에 나중에는 오히려 상업 발전이 더뎌지고 말았습니다.

루이 14세의 결혼(베르사유 궁전 소장)

**루이 14세 시대의 문학가**

프랑스 부르봉 왕조의 절대왕정 시기를 대표했던 루이 14세 시대에는 대외적 팽창책과 함께 문화의 발전도 이루어졌습니다. 세련된 프랑스어가 이때에 정립되었으며 3대 고전극 작가인 극작가 코르네유와 희극작가 몰리에르, 희곡작가이자 소설가였던 라신이 등장하여 활동하였습니다.

의미였습니다. 아무도 이래라 저래라 하고 간섭을 해서는 안 된다는 엄포였지요. 그리고 그는 혹시나 있을지 모를 시민들의 반발을 생각해 엉뚱한 생각을 하게 되었습니다.

'백성들의 관심을 딴 곳으로 돌려야겠다. 그래야 반역할 겨를이 없겠지?'

그렇게 마음먹은 루이 14세는 이윽고 명령을 내렸습니다.

"국왕에게 주어진 가장 중요한 임무는 전쟁이다. 군대를 정비하고 출정 준비를 하라!"

그는 전쟁이 시작되면 백성들의 관심을 돌릴 수 있을 것이라고 생각했습니다. 이렇게 백성들은 전쟁에 동원되었고 여러모로 피해를 입었습니다.

"전쟁이 끊이지 않는구나. 또 전쟁이 시작될 거래."

백성들은 불안에 떨었습니다. 루이 14세가 벌인 큰 전쟁만도 무려 네 차례나 되었던 것입니다. 독재자를 꿈꾸던 그는 여기서 그치지 않았습니다.

'지금 있는 궁전은 나랑 어울리지 않는 것 같아. 화려하고

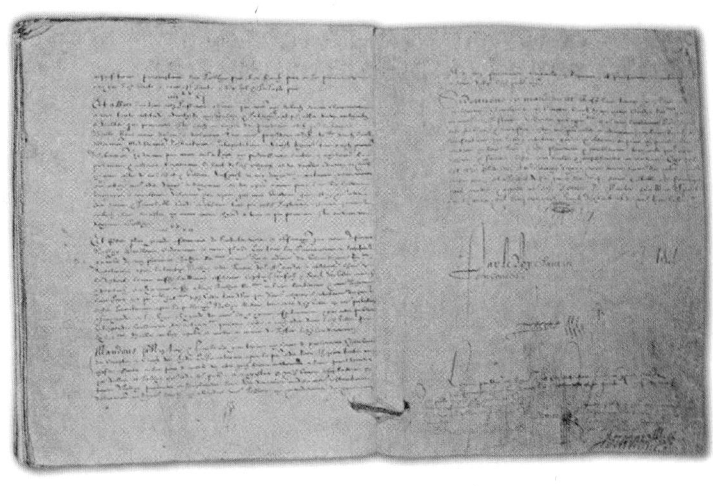

낭트칙령

웅대한 궁전이 필요해. 그래야 백성들이 나를 우러러보지 않겠어? 나에게 어울리는 화려한 궁전을 만들어야 해.'

사실 그는 화려한 것을 좋아하는 사람이었습니다. 그는 스스로를 '태양 왕' 이라고 불렀습니다. 그리고는 그 이름에 걸맞는 건물을 지어 후세에 영구히 전하려 했습니다.

"실력 있는 건축가들을 불러 모아라. 세상에서 가장 위대한 궁전을 지을 것이다."

이윽고 1664년, 대규모의 공사가 시작되었습니다.

"인부들이 모자라면 백성들을 데려다 쓰도록 하여라."

전쟁으로 피해 입은 백성들은 또 이 대규모의 공사로 희생되었습니다.

루이 14세의 명령에 따라 강제 노동에 동원된 백성만 해도 매일 3만 명이 넘었습니다. 동원된 사람들은 나쁜 작업 환경 때문에 전염병이나 사고로 죽어 갔습니다.

"폐하, 사망자가 너무 많이 발생합니다."

그러나 신하들의 이러한 보고에도 루이 14세는 꿈쩍도 하

**낭트칙령**

프랑스의 헨리 4세가 신교에게 조건부로 신앙의 자유를 허용한 칙령입니다. 이는 프랑스의 종교 전쟁이었던 위그노전쟁의 끝을 가져왔으나 구교가 국교로 규정된 만큼 신교는 많은 이익을 받지는 못했습니다. 거기에다 루이 13세와 루이 14세의 강력한 구교 중심 정책으로 신교도들은 더욱 힘들어졌고 결국 주위 나라들로 망명을 하고 말았습니다.

**베르사유 궁전의 거대한 분수**

베르사유 궁전의 1백 헥타르의 정원에서 가장 돋보이는 것은 1천 4백여 개의 분수와 폭포였습니다. 하지만 이 곳이 워낙 커서 물 사정은 항상 나빴습니다. 분수대를 동시에 가동하려면 프랑스 전역에 공급하고도 남을 만큼의 많은 양의 물이 필요했습니다.
이 물을 대기 위해 4년에 걸쳐 '마를리의 기계'란 것이 설치되었습니다. 이 기계는 2백 21개의 펌프를 움직여 센 강의 물을 1백 62미터 높이의 언덕으로 끌어올렸습니다.
루이 14세가 정원을 거닐면, 그가 지나치는 분수대마다 물이 뿜어져 나왔습니다. 바로 그의 하인들이 늘 조절 장치 옆에서 루이 14세를 기다리고 있었기 때문이었습니다.

지 않았습니다.

"작업을 중지할 수는 없다. 백성들이 동요해서는 곤란하다. 벌어지는 사고에 대해서는 모두 입을 다물라."

루이 14세는 사고를 숨기기 위해 이 일에 참여한 모든 감독인에게 함구령을 내렸습니다.

1678년, 공사를 시작한 지 17년 후에 길이 6백 미터의 건물 정면이 만들어졌습니다. 그 곳에 달린 창문만도 375개에 이를 정도로 대단한 규모였습니다.

"서서히 위대한 궁전의 형체가 드러나는 거 같지 않아?"

루이 14세는 흐뭇해하며 작업을 더 서둘렀습니다. 웅대한 궁전을 빨리 보고 싶어 조급해졌던 것입니다.

"기력이 쇠진한 건축가들은 교체하라. 또한 궁전에는 많은 꽃을 심도록 하여라!"

루이 14세는 꽃을 무척 좋아했습니다. 그래서 온갖 나무와 꽃들로 꾸며진 정원이 1백 헥타르에 이르렀습니다. 궁전 안은 말할 것도 없이 초호화판 장식으로 꾸며졌습니다.

또 이 곳에는 테티스라는 동굴과 동물원을 만들었으며 샘솟는 물로 작동되는 자동 오르간도 설치했습니다.

"폐하, 드디어 공사가 완료되었습니다."

수많은 백성들이 죽고 다치면서 만든 궁전이 모습을 드러

냈습니다. 바로 베르사유 궁전이었습니다.

"음, 21년 만에 드디어 해냈구나. 그럼 이제 내 거처를 베르사유 궁전으로 옮기는 일만 남았군."

1682년, 루이 14세는 자신의 거처를 드디어 베르사유 궁전으로 옮겼습니다. 베르사유 궁전이 있는 베르사유는 1789년까지 프랑스의 수도가 되었습니다.

"우리도 베르사유 궁전으로 이사 가자. 왕이 계신 곳에서 함께 살아야지."

이 궁궐은 호화롭고 넓은 곳이라, 거주하는 사람만 해도 무려 2만 명이 넘었습니다. 그 중 왕을 보위하는 군인이 9천 명이었습니다. 루이 14세의 허영심은 광기에 가까웠습니다. 이 사실 하나만으로도 프랑스 절대왕정의 폭정을 실감할 수 있습니다.

베르사유 궁전의 안과 밖, 그리고 정원

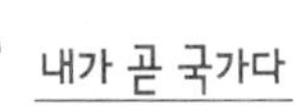


## 저기요, 선생님! 이런게 궁금해요

### 「삼총사」로 알아보는 프랑스 역사

「삼총사」는 알렉상드르 뒤마가 쓴 역사 소설입니다. 이 이야기 속에는 실재했던 당시의 인물이 있습니다. 재상 리슐리외 공과 루이 13세의 왕비 도트리시, 그리고 이들을 둘러싼 아토스, 포르토스, 아라미스 등이 그렇습니다.

리슐리외는 추기경으로서 루이 13세의 정치를 도왔습니다. 그는 비상한 재능을 인정받아, 곧 재상의 자리에 오른 사람이었습니다. 무려 20년 동안이나 재상의 자리에 있었지요. 정치에 있어서 그의 첫째 목표는 국왕의 존엄을 지키는 일이었습니다. 두 번째 목표는 프랑스의 영원한 평화와 번영이었습니다.

루이 13세

그는 자신의 정치적 신념을 위해, 먼저 외국의 간섭을 억제했습니다. 동시에 국내의 귀족과 신교도 및 가톨릭 세력 안의 과격한 무리들을 억눌렀습니다.

그는 군대의 통수권을 국왕에게 넘기고 따로 비밀경찰을 두었습니다. 그리고는 왕비를 포함한 모든 왕족들의 반란 음모를 조사하게 했습니다.

리슐리외는 프랑스의 제2인자였습니다. 아니, 어쩌면 국왕보다 더 많은 권력을 쥐고 있었는지도 모를 정도로 대단한 권력을 가졌던 사람이었습니다.

리슐리외

## 30년 동안이나 싸움이 있었어요

리슐리외가 프랑스를 통치하던 시기에, 유럽에는 긴 전쟁이 일어났습니다. 이 전쟁은 30년 동안이나 계속된 싸움이었습니다. 그래서 우리는 이 전쟁을 '30년전쟁'이라고 부릅니다.

30년전쟁은 영토를 둘러싼 전쟁이 아니었습니다. 그것은 가톨릭인 구교와 신교의 신자들간에 일어난 종교 전쟁이었습니다.

리슐리외는 구교 신자였지만, 신교도의 편을 들었습니다. 같은 가톨릭 국가인 오스트리아와의 싸움을 위해서였지요. 유럽에 있는 대부분의 나라는 두 갈래로 갈라졌습니다. 독일은 가장 격심한 전쟁터가 되었지요. 멀리 유럽의 북쪽에 있는 스웨덴, 덴마크까지 전쟁에 가담했습니다.

당시 스웨덴의 왕은 구스타브 아돌프였습니다. 그는 '북방의 사자'로 불리는 용사 중의 용사였습니다. 그리고 가장 정의롭고 신사적인 왕이기도 했습니다. 신교 신자였던 구스타브 왕의 스웨덴군은 구교도의 황제군을 무찔렀습니다. 그러나 용맹한 구스타브 왕도 황제국의 발렌슈타인 장군과의 싸움에서 그만 전사하고 말았습니다.

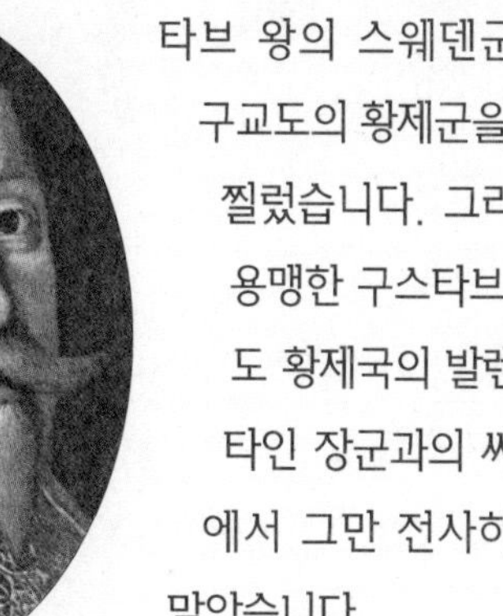

구스타브 왕

스웨덴 장군 바네르의 진격(베르사유 미술관 소장)

브라이텐 펠트의 싸움(베르사유 미술관 소장)
이 전투에서 구스타브는 큰 승리를 거두었다.

# 작은 나라 프로이센

러시아라는 나라의 이름을 알파벳으로 쓰고 그 앞에 P라는 글자를 얹어 보세요. 그러면 프러시아가 되겠지요? 이 나라가 프로이센입니다. 프로이센은 아주 작은 나라였습니다. 지금은 존재하지 않는 나라이지요. 한때 독일 연방국의 하나로 독립해 있다가 다시 독일에 흡수되었습니다.

프로이센은 30년전쟁 이후 급속도로 발전한 북부 독일의 연방 국가였습니다. 전쟁에서의 공적을 인정받아 왕국으로 독립할 수 있었지요. 이렇게 작은 나라 프로이센은 한때는 유럽에서 손꼽히는 강국 중 하나였습니다.

# 프리드리히 대왕

프리드리히 대왕

이 작은 나라에도 위대한 왕은 있었습니다. 프리드리히 대왕으로 불려지는 프리드리히 2세입니다. 그의 아버지 프리드리히 빌헬름 1세는 왕위에 있던 27년 동안을 군대를 양성하는 일로 보냈습니다. 빌헬름 1세가 창설한 척탄병 연대는 전원이 180센티미터 이상의 크고 강한 군인들이었습니다. 빌헬름 1세는 자식을 키우는 방식도 완전히 군대식이었습니다.

프리드리히 대왕은 어려서부터 시와 음악을 좋아했습니다. 그리고 항상 여자아이처럼 곱게 차려 입고 다니기를 즐겼습니다. 빌헬름 1세는 아들에게 남자답고 강한 기질을 심어 주기 위해 일부러 싸움을 시킬 정도였습니다.

프리드리히 대왕은 28살에 왕위에 올랐습니다. 그리고 그는 아버지의 소원대로 정말 훌륭한 군인 왕이 되었습니다.

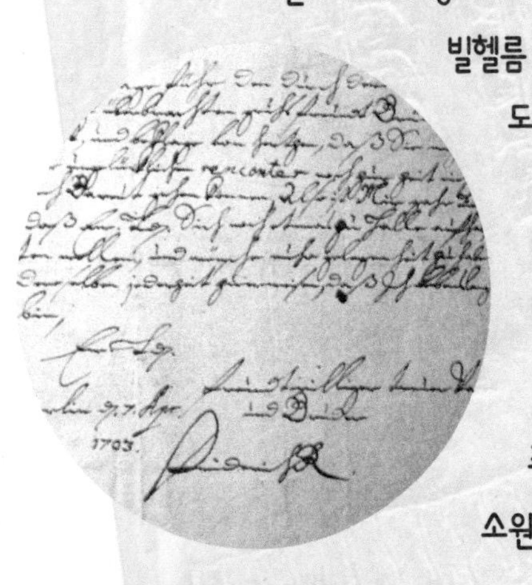
빌헬름 1세의 친필 편지

오스트리아로 진군한 프로이센군(라이프치히 박물관)

## 실레지아 지역을 빼어라

프리드리히 대왕은 왕위에 오르자마자 전쟁을 일으켰습니다. 그는 이웃 오스트리아의 땅인 실레지아를 차지해 버렸습니다. 오스트리아는 마리아 테레지아라는 여왕이 다스리고 있었지요. 이 여왕 역시 프리드리히 대왕 못지 않게 훌륭한 왕이었습니다. 여왕은 이웃 나라들에게 도움을 요청했습니다. 빼앗긴 땅을 찾아야 했으니까요. 오스트리아는 프로이센과 7년 동안이나 큰 전쟁을 했습니다. 이 전쟁에서 승리는 결국 프리드리히 대왕 쪽으로 돌아갔습니다. 그러나 프로이센이 얻어 낸 이득은 별로 신통한 것이 아니었습니다. 슐레지엔을 얻었지만 유럽의 외톨이가 되고 말았지요. 유럽의 각 나라들은 프로이센에게 불신을 품었습니다. 7년전쟁은 유럽의 거의 모든 나라가 참가한 전쟁이었습니다.

## 미국은 왜 영어를 국어로 사용할까요?

7년전쟁은 신대륙 아메리카에서도 벌어졌습니다. 이것은 프로이센과 오스트리아의 각각 다른 동맹국들 사이에 맞붙었던 싸움이었습니다. 프로이센을 편드는 나라로는 영국이 있었습니다. 오스트리아를 편드는 나라는 프랑스가 있었지요.

이 한판 싸움은 역사적으로 아주 중요한 의미를 갖습니다. 승리는 여기서도 프로이센 쪽의 영국이었습니다. 이것이 바로 오늘날 미국에서 영어를 국어로 사용하는 까닭이 된 것입니다. 만약 프랑스가 이겼더라면, 영어 대신 프랑스어가 미국의 국어가 되지 않았을까요?

## 국가의 첫째가는 머슴

프리드리히 대왕은 스스로 사치를 피해 초라한 옷을 입었습니다. 음식도 일반 백성들이 먹는 것과 똑같은 것을 먹었지요. 그는 어려서부터 예술가나 철학자가 되기를 희망했습니다. 그래서 프리드리히는 외국의 이름난 학자들을 초청하여 토론하기를 즐겼습니다.

그는 신분이 높은 귀족이나 관리들에게는 호랑이처럼 엄했습니다. 그러나 힘없는 백성들 앞에서는 아버지처럼 자상했습니다. 이런 프리드리히의 모습을 보여 주는 따뜻한 일화가 있습니다.

프리드리히 대왕의 궁궐 옆에는 어떤 가난한 사람의 허름한 방앗간이 있었습니다. 궁에서는 보기 흉했던 이 방앗간을 사들여서 헐어 버리기로 했습니다. 그런데 주인이 말을 듣지 않았습니다. 왕이 직접 돈을 많이 주겠다고 조르기까지 했습니다. 그러나 주인은 계속 거절했습니다.

만약 다른 왕들 같았으면 어떻게 했을까요? 아마 그 주인을 죽이거나 강제로 빼앗아 헐어 버렸겠지요. 프리드리히 대왕은 스스로 포기하는 쪽을 택했습니다. 하찮은 방앗간 주인이지만, 그 사람의 권리를 존중해 준 것이었습니다.

프리드리히 대왕의 상수시 궁전

## 17~18세기 문화의 발전

17세기와 18세기의 문화는 그 시기의 특징상 많은 차이를 가지고 있습니다. 먼저 17세기는 절대주의가 전성기를 누렸던 만큼 화려한 왕실 문화가 발달했고 바로크 예술이 발달했습니다. 바로크 건축의 가장 대표적인 작품이 바로 화려함의 대명사인 베르사유 궁전입니다. 또한 화려한 화풍으로 유명한 루벤스가 미술에서 이름을 날렸고, 문학에서는 코르네유, 몰리에르,

그림으로 그린 베르사유 궁전

라신 등이 세련된 희곡 작품을 남겼습니다. 또한 과학에서는 뉴턴과 라이프니츠가 크게 활약했습니다.

한편 18세기에는 극단적으로 섬세하고 우아한 로코코 양식이 유행하였는데 프리드리히 대왕의 상수시 궁전이 유명합니다. 특히 18세기에는 시민 사회가 발전하여 개인의 사상을 더욱 자유롭게 표현하게 되었고 이것이 문학에도 영향을 끼쳐 「걸리버 여행기」, 「로빈슨 크루소」 등의 작품이 출간되었습니다. 또 이성의 세기로 불렸던 18세기인만큼 자연과학이 크게 발달했는데 라부아지에가 산소를 발견했고, 린네가 식물분류학을 창시했으며, 제너가 종두법을 발견하는 등 큰 성과를 얻었습니다.

## 철학과 계몽사상이 발전했어요

⇧몽테스키외

영국의 베이컨이 주장한 경험주의 철학과 프랑스의 데카르트가 주장한 합리주의 철학은 전통적인 권위주의에서 탈피하여 인간의 주체성을 중시한 점에서 매우 중요한 발전이었습니다. 이후 여러 갈래로 발전한 철학 사상을 독일의 칸트가 관념론으로 집대성함으로써 새로운 발전의 방향을 낳았습니다.

또한 과학과 철학의 발전으로 절대왕정이라는 이념은 점점 구시대적인 것으로 생각되어졌고 이에 프랑스의 몽테스키외는 입법, 사법, 행정의 분립을, 루소는 계급 제도를 비판하며 주권이 인민에게 있음을 주장하였습니다.

# 동양과 서양이 함께 있는 나라

러시아는 적극적인 서구화 정책을 추진한 표트르 1세의 즉위로 러시아 절대왕정기를 완성했습니다. 표트르 1세는 스웨덴과의 싸움에서 이겨 바다로 나갈 수 있는 길을 열었으며 경제 발전에도 큰 기여를 했습니다. 그 후 혼란기를 거쳐 즉위한 예카테리나 2세 역시 절대왕정을 이끌었는데 강력한 중앙집권제를 만드는 데는 성공했으나 농노제의 부작용으로 농민 반란이 거세지고 있었습니다.

## 러시아의 영웅 표트르 1세

러시아 역사상 가장 훌륭한 황제로 꼽히는 사람이 있습니다. 바로 표트르 1세입니다. 17살 때 황제가 된 그는 35년 동안 황제의 자리에 있으면서 단 하루도 편한 날이 없었습니다. 그는 항상 바쁘고 고단한 날을 보냈지요.

"이러다 쓰러지십니다. 쉬시는 게 좋을 듯합니다."

"우리 러시아는 갈 길이 멀다. 서두르지 않으면 안 된다."

그는 어린 시절부터, 조국 러시아를 유럽 최대의 부강한 나라로 키우겠다는 꿈을 가지고 있었습니다.

'다른 이웃 나라에 비해 우리 러시아는 너무 뒤처져 있어. 어떻게 하면 최강의 국가가 될 수 있을까?'

표트르 1세 동상

그는 25살이 되던 해에 250여 명의 사절단을 이끌고 서유럽의 여러 나라를 방문했습니다.

"이웃 나라와 친해 두어야 나라의 안정을 꾀할 수 있소."

그러나 표트르의 속셈은 다른 곳에 있었습니다.

'흠! 선진 유럽의 군사 제도와 전쟁 무기의 제조 기술을 익혀 와야지.'

그는 독일에서는 대포를 만드는 법과 포병을 양성하는 훈련 과정 등을 익혔습니다. 그는 이웃 나라들이 끊임없이 전쟁에 휘말리는 것을 보며 무엇보다 강한 군대가 있어야 한다고 생각했던 것입니다.

'하나라도 더 익혀야 한다. 러시아에 돌아가면 바로 써먹어야지. 러시아를 반드시 유럽 최고의 국가로 만들겠어!'

그렇게 다짐한 표트르 1세는 영국에서는 직접 조선소의 정식 기술자로 취직하여 일을 하기도 했습니다.

"왕께서 이렇게 험한 일까지 하시면 안 됩니다."

신하들이 극구 말렸습니다. 그러나 표트르 1세는 아랑곳하지 않았습니다.

"조용히 해라. 누가 들으면 어쩌려고 하느냐. 난 괜찮다. 러시아를 위해서는 못 할 게 없다."

**로마노프 왕조**

1600년경부터 300년 동안 러시아를 지배한 로마노프 왕조가 위세를 떨친 것은 표트르 1세 때부터입니다. 러시아의 발전을 위해 노력했던 표트르 1세가 황제로 즉위한 이후 예카테리나 2세 역시 대제로써 러시아가 유럽 열강의 자리를 지키는 데 한몫하였습니다. 그러나 1918년 니콜라이 2세를 끝으로 로마노프 왕조는 맥이 끊어지게 됩니다.

**페테르부르크**
러시아 북서부에 있는 도시이며 모스크바에 이어 러시아 제2의 도시라고 불려집니다. 1703년 표트르 1세가 스웨덴으로부터 이 곳을 탈환한 이후 모스크바에서 수도를 이전하면서 서양 문화를 받아들이게 되고 큰 발전을 하게 됩니다. 18세기에는 러시아 최대의 무역항으로 발달하였고 문화에 있어서도 가장 우위에 서 있었습니다. 또한 20세기에 들어서 러시아 혁명의 중심지가 되기도 했습니다.

그뿐만이 아니었습니다. 그는 틈틈이 대장간 일이라든지 신발 만드는 일도 배웠습니다. 이를 뽑는 일까지도 애써서 찾아다니며 배우고 익혔지요. 그러자 러시아의 백성들은 그를 존경했습니다.

"정말 러시아를 사랑하는 왕이셔."

"어느 왕이 이렇게 할 수 있겠어. 상상도 할 수 없지."

얼마 뒤 표트르 1세가 고국으로 돌아왔습니다.

'그간 배워 온 선진 기술을 러시아에 써야겠다.'

그는 마음이 급했습니다. 표트르 1세는 쉴 틈도 없이 신하들을 불러 모았습니다.

"그대들은 우리 러시아가 발전하기 위해 가장 시급한 일이 무엇이라 생각하시오?"

"글쎄요. 무엇부터 해야 할지 잘 모르겠습니다."

신하들은 머뭇거렸습니다. 그러자 표트르 1세가 자신감에 차서 말했습니다.

"우리는 바다를 확보하는 일이 급하오. 그래야 러시아가 밖으로 뻗어 나갈 수 있기 때문이오."

그리고 표트르 1세는 강력한 해군과 군함이 필요하다고 했습니다.

이를 위해 표트르 1세는 스웨덴과 끝없는 싸움을 벌여야 했습니다. 바다로 나가려면 그 길목에 있는 스웨덴과 싸우지 않을 수 없었던 것입니다.

"스웨덴의 땅을 빼앗아야 한다."

그는 소망대로 스웨덴과의 싸움에서 이길 수 있었습니다. 표트르 1세는 빼앗은 땅을 자신의 이름을 따서 페테르부르크라 지었습니다. 그리고 이 곳에 조선소를 지었지요.

"이제 우리는 사계절 내내 배가 마음대로 드나들 수 있는 항구를 갖게 되었다. 얼어붙지 않는 항구를 확보했으니 이제 우리에게는 막강한 군대만 있으면 되겠구나."

**네르친스크조약**

러시아와 청나라의 끝없는 국경 분쟁으로 각국의 관계가 난관을 겪게 되자 1689년 두 나라가 네르친스크에서 국경 확정 조약을 맺게 되는데 이것이 네르친스크조약입니다. 청나라가 유럽의 국가와 최초로 대등하게 맺은 조약이라는 것에 의의가 있으며 국경 확정 외에 양국간 통상의 자유도 그 내용 중의 하나입니다.

표트르 대제는 '낡은 러시아'를 '새로운 러시아'로 바꾸는 데 평생을 다 바쳤습니다. 그는 러시아의 경제와 공업에도 많은 힘을 기울였습니다.

"외국에서 기술자를 불러와서 공장을 건설해야겠다."

그의 이런 노력 탓에 러시아의 상공업은 크게 발달할 수 있었습니다.

그런데 그런 표트르 1세에 대해 백성들은 한 가지 불만이 있었습니다.

표트르 대제
(모자이크, 로모소노프의 1775년 작)

표트르 대제 고양이. 표트르 1세의 반대파는 그를 고양이에 견주어 풍자했다.

"왕은 다 좋은데, 한 가지 마음에 들지 않는 점이 있어."

"왕비 말이지? 그래, 왕비 때문에 왕실의 체면이 서질 않는다니까."

이것은 표트르 대제의 아내인 예카테리나에 대한 불평이었습니다. 표트르 대제는 유럽의 다른 왕들처럼 귀족의 딸이나 공주를 아내로 택하지 않았습니다.

'신분은 중요하지 않다. 내가 사랑하는 여인이면 돼.'

그는 왕의 신분에 걸맞지 않게 하층 계급의 여자를 왕비로 맞아들였습니다. 사랑에 있어서만큼은 누구에게도 소신을 굽히지 않았던 것입니다.

'왕비에 대한 불평을 하는 자들이 있다는 것을 나도 안다. 하지만 난 그들의 불평에는 관심 없어.'

표트르 대제는 비천한 집안 출신의 왕비를 죽는 날까지 사랑했습니다.

"예카테리나, 우리 러시아를 맡아 주시오."

그는 나라까지도 왕비에게 물려주었습니다. 러시아의 번영과 국력의 기초를 다졌던 표트르 대제는 그렇게 세상을 떠났습니다.

## 예카테리나 2세의 시대

**계몽전제주의**

프랑스의 계몽사상을 절대왕정에 도입시키려던 계몽전제주의는 위로부터의 개혁을 기본 이념으로 했습니다. 주로 동유럽의 국가들에서 널리 퍼졌으며 프로이센의 프리드리히 2세, 오스트리아의 요제프 2세, 러시아의 예카테리나 2세 등이 대표적인 계몽전제군주입니다.

표트르 대제가 세상을 떠나고 37년의 세월이 흘렀습니다. 그 세월 동안 무려 여섯 차례의 궁중 쿠데타가 있었습니다. 황제의 자리를 둘러싸고 벌어진 일이었습니다.

이런 혼란 끝에 여황제가 된 사람이 있었습니다. 이 여인은 바로 예카테리나 2세였습니다. 그녀는 원래 독일 사람이었습니다. 원래는 그녀의 남편인 표트르 3세가 러시아의 왕이었습니다. 하지만 표트르 3세는 병약하고 어리석은 사람이었습니다. 물론 예카테리나는 처음에 많은 사람들의 손가락질을 받았습니다.

"글쎄, 이번에 오실 여왕의 혼수가 아주 형편없대요."

"침대 시트 한 장도 없다는 게 사실이에요?"

이런 가난한 신부가 화려한 러시아 궁정에서 인기가 있을 리 없었습니다.

표트르 1세가 아내였던 예카테리나의 이름을 따서 지은 예카테리나 궁전

"황제께서도 별로 좋아하지 않겠어요. 하긴 나라도 저런 보잘것 없는 왕비는 싫겠어요."

예카테리나는 많은 사람들로부터 괄시를 받았습니다.

'사람들이 날 좋아하지 않는구나. 이 허전함을 어떻게 견딜 수 있을까.'

그녀는 외로움을 이기기 위해 학문에 전념했습니다.

그러던 어느 날이었습니다. 남편인 표트르 3세에게 새로운 애인이 나타났습니다.

"저기 저 여자 보이죠? 표트르 3세의 애인이래요."

"예쁘게 생겼군요. 이러다가 황후가 바뀌는 게 아닐까요? 예카테리나가 쫓겨날 수도 있겠어요."

그런데 의외로 황실 친위대의 청년 장교들이 이 외로운 황후를 감싸고 돌았습니다.

"우리 황후님보다 지적이고 아름다우신 분은 없다. 우리가 끝까지 지켜 드릴 거야."

그 무렵, 1726년 봄이었습니다. 표트르 3세는 그 때까지 한창 이기고 있던 프로이센과의 전쟁을 포기해 버렸습니다. 국민들은 의아했습니다.

"아니, 우리가 이기고 있는 전쟁을 왜 그만

**폴란드 분할**

폴란드는 17~18세기에 내분을 겪으면서 근처의 국가들에게 큰 내정간섭을 받았습니다. 이에 결국 18세기에 러시아의 예카테리나 2세, 프로이센의 프리드리히 2세, 오스트리아의 마리아 테레지아에 의해 제1차로 분할되고 말았습니다. 그 이후 제2차, 제3차 분할이 일어났고 결국 제1차 세계대전 말까지 폴란드는 종속국으로 지내야만 했습니다.

두는 거야? 지금까지 고생한 게 얼만데……. 황제가 혹시 바보가 아닐까?"

국민들의 이런 비난에도 불구하고 끝내 표트르 3세는 프리드리히 대왕과 강화조약을 맺었습니다.

"전쟁이 끝난 것을 축하합시다. 다 같이 축배를 듭시다."

황제는 축하 파티를 열었습니다. 그런데 축배를 들지 않는 사람이 있었습니다. 그것은 예카테리나 황후였지요.

"지금 그 행동은 나의 뜻을 거스르는 것이오? 난 당신이 마음에 들지 않소. 당장 이 자리에서 사라지시오."

예카테리나는 이 일로 더 큰 미움을 받게 되었습니다.

'비록 남편이긴 하지만 표트르 3세는 러시아를 이끌 재목이 아니다. 러시아의 발전을 위해 내가 나서야겠어.'

예카테리나는 생각했습니다. 그리고 생각을 실천하기로 마음먹었습니다. 그녀는 자신을 보호해 주던 청년 장교들을 불러 모았습니다.

"친위대 여러분이 나를 도와 주리라 믿습니다."

"존경하는 예카테리나 여왕님. 저희는 여왕님을 돕겠습니다. 분부만 내려 주십시오."

그녀는 스스로 녹색의 친위대 군복을 입고 맨 앞에서 반란군을 지휘했습니다.

**✓ 농노**

영주 등으로부터 토지를 대여받아 농사를 짓고 그 대가로 노역을 비롯하여 갖가지 세금을 냈던 예속된 농민을 말합니다. 농노는 노예보다는 자유로운 존재이지만 자신의 땅을 가지고 농사를 짓던 자영농민에 비해서는 매우 부자유스러웠습니다. 일반적인 농노는 중세 유럽 시대에 존재했다고 알고 있지만 중국에서도 좁은 의미의 농노가 존재했습니다.

"예카테리나가 반란을 일으켰다고? 황실 친위대를 당장 불러들이라."

"그게 좀 곤란합니다. 황실 친위대가 예카테리나 여왕 편입니다."

표트르 3세는 놀란 나머지 기절을 해 버렸습니다. 이렇게 예카테리나의 쿠데타는 어렵지 않게 성공했습니다.

"예카테리나 여왕님. 표트르 3세를 어떻게 하지요?"

"골방에 가두도록 하세요."

그리고 예카테리나는 성대한 즉위식을 올렸습니다. 국민들은 병약한 표트르 3세보다 그녀를 더 환영했습니다.

어느 날이었습니다.

"표트르 3세가 청이 있다고 합니다."

"무엇인지 들어봅시다. 얘기해 보세요."

"먼저 목숨을 보장해 달라고 하였습니다. 그리고 네 가지 소원을 빌었습니다. 아끼던 바이올린과 사랑하던 강아지를 청했습니다. 그리고 흑인 노예 한 명을 원했습니다."

"남은 한 가지는 뭐지요?"

"황공합니다만……, 새로 사귄 애인 엘리자베타 브론쏘바입니다."

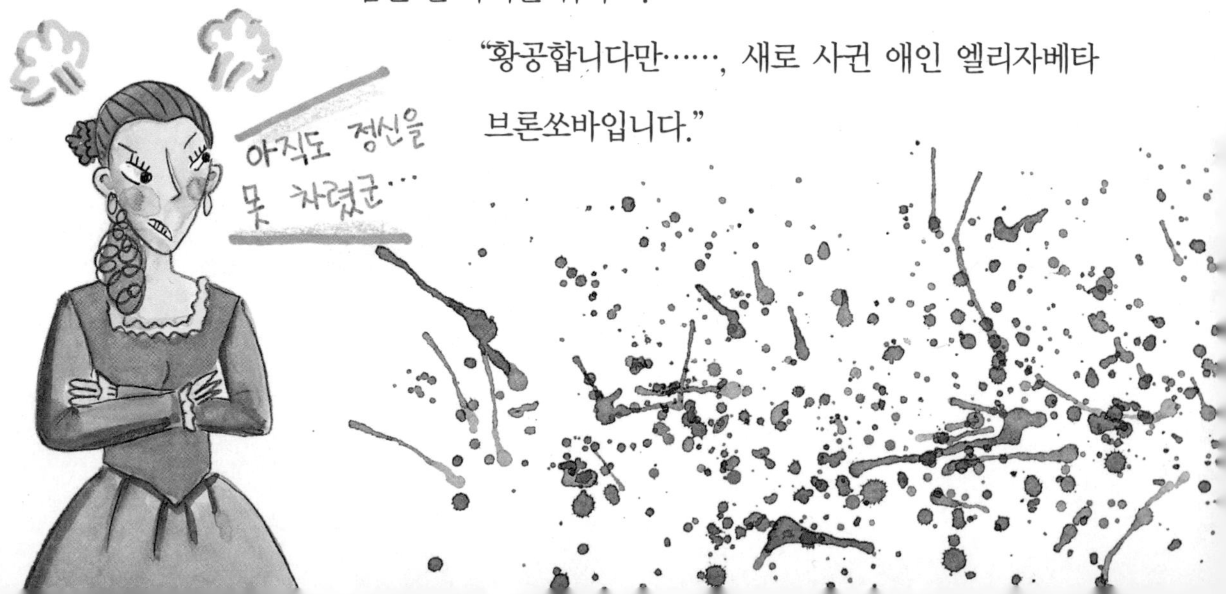

아직도 정신을 못 차렸군…

그녀는 세 가지 소원만을 허락해 주었습니다.

'아직도 정신을 못 차리는군. 애인을 보내 달라는 청은 들어줄 수 없어.'

한심하고 보기 싫은 남편이었지만, 그래도 남편에게 애인을 허락하기는 싫었던 것입니다.

"정말 남자 못지 않게 정치를 잘 하는 거 같지 않아?"

"게다가 문학에도 재능이 있잖아. 이번에 쓴 책 봤어?"

그녀는 문학을 좋아하기만 했던 것이 아니라 스스로 훌륭한 책을 써 내기도 했습니다. 그러나 예카테리나 여제는 정치가로는 나무랄 데 없었지만 가난한 농민들의 고통은 조금도 해결해 주지 못했습니다.

"여제님, 큰일났습니다. 푸가초프가 반란을 일으켰어요."

"당장 군대를 보내세요."

이 당시 러시아 농민은 농노제 아래서 비참한 생활을 하고 있었습니다. 반란은 결국 진압되었지만 농민과 정부는 서로 큰 피해를 입었습니다.

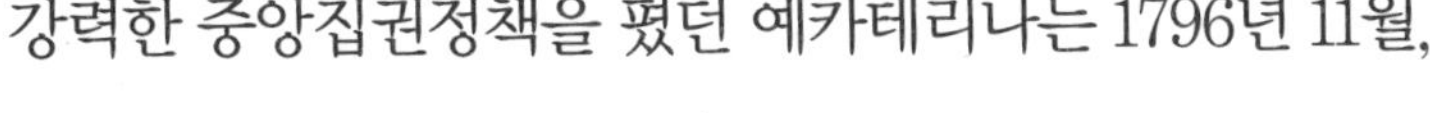

강력한 중앙집권정책을 폈던 예카테리나는 1796년 11월, 67세의 나이로 숨을 거두었습니다.

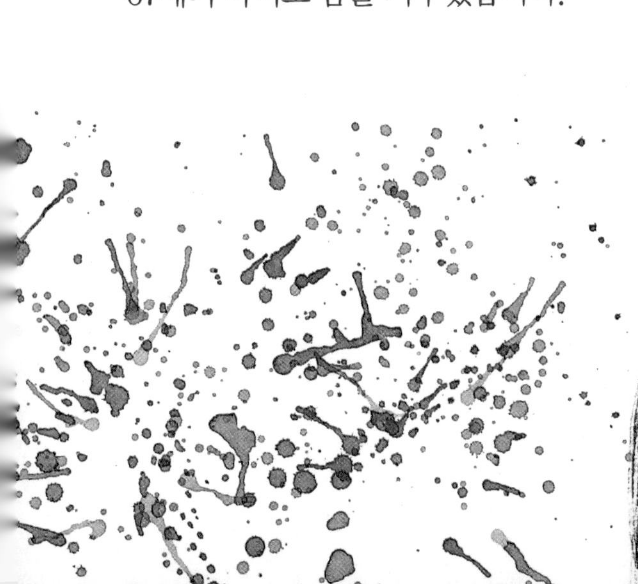

# 프랑스 혁명

이어진 전쟁과 화려한 궁정 생활로 루이 16세 때는 결국 왕실 재정의 파탄이 오게 되었습니다. 루이 16세는 재정 확보를 위해 1789년, 삼부회를 소집했지만 이를 계기로 뭉친 시민들은 국민의회를 통해 인권선언을 채택했습니다. 혁명의 와중 국왕의 도피 사건을 계기로 루이 16세는 결국 사형에 처해졌고 이후 실권을 잡은 로베스피에르도 공포정치를 펴다가 사형을 당하고 말았습니다.

**삼부회**

프랑스의 신분제 의회를 말하며 제1부는 사제, 제2부는 귀족, 제3부는 평민 대표들로 구성되어 있었습니다. 삼부회를 소집할 수 있는 권한은 국왕에게 있었으며 의결권 역시 자유롭지 않았습니다. 루이 16세 시대에 재개된 삼부회에서는 귀족과 제3부 사이에 의견 대립이 발생하였으며 이 과정에서 프랑스 혁명이 일어나게 되었습니다.

## 불붙은 시민혁명

베르사유 궁전은 화려한 파티로 조용할 날이 없었습니다. 귀족들은 사치스럽고 부유한 생활을 이어 갔습니다.

그러나 이와 정반대로 비참한 생활을 하고 있는 사람들이 있었습니다. 바로 낮은 신분으로 분류되는 시민들이었습니다. 제3계급(1계급은 승려, 2계급은 귀족)이라 불리는 이들은 승려나 귀족들에게 짐승처럼 끌려다니며 부림을 당했고, 아무런 잘못없이 매를 맞는 일이 허다했습니다. 게다가 귀족들이 수시로 세금의 명목으로 곡물을 거두어 가는 바람에 항상 배가 고팠습니다.

"오늘도 굶는 수밖에 없겠어요."

"귀족들은 놀아도 배불리 먹는데, 우리는 밤낮으로 일해도 배가 고파야 해."

프랑스 혁명의 심벌

파리의 시민들은 자신들의 권리를 찾아야겠다고 결심했습니다. 시민들은 하나 둘씩 무리지어 모여들었습니다.

"우리에게도 무기가 필요해. 비록 군인은 아니지만 힘을 모으면 이길 수 있을 거야."

이윽고 시민들은 자신들의 결심을 행동에 옮기기로 마음먹었습니다.

1789년 7월 14일, 시민들은 상이군인 회관을 습격하여 무기와 탄약을 빼앗았습니다.

"빼앗은 무기로 무장을 하자!"

"저기 바스티유 성이 보인다. 우리를 괴롭힌 프랑스 왕정의 상징이야. 저 곳을 먼저 함락하자."

바스티유 성은 왕정에 반대한 사람들을 가두는 정치 감옥이었습니다. 시민들에게는 공포의 건물이었지요. 그 곳에서 죽은 사람은 헤아릴 수 없을 정도로 많았습니다.

"우선 시민 대표를 보내서 우리의 요구 사항을 알리자."

**바스티유 성**

14세기 프랑스 샤를 5세의 명으로 건설된 바스티유는 루이 13세 때 재상 리슐리외에 의해 감옥으로 개조되었습니다. 정치범 등의 투옥으로 악명이 높았던 바스티유 감옥은 프랑스 혁명 당시 시민들의 습격을 받은 후 철거되었습니다.

루이 16세

바스티유 성

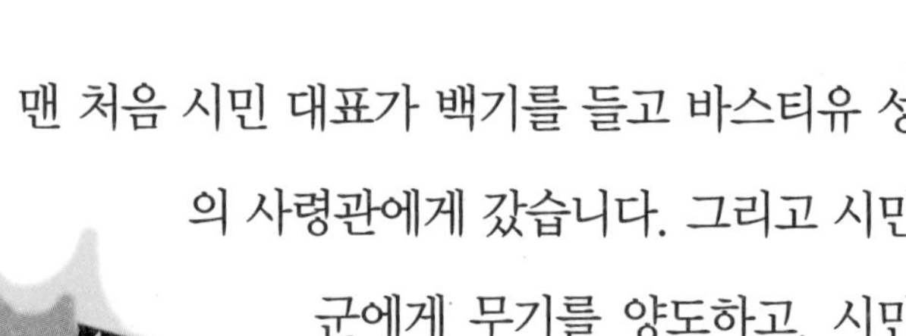


맨 처음 시민 대표가 백기를 들고 바스티유 성의 사령관에게 갔습니다. 그리고 시민군에게 무기를 양도하고, 시민들을 향해 겨누고 있는 대포를 거두라고 말했습니다. 그러나 사령관은 코웃음을 칠 뿐이었습니다.

"흥, 우리가 왜 너희 의견을 들어줘야 하지? 사정을 봐주지 말고 공격하라."

바스티유 성의 수비대는 시민들을 향해 무차별 사격을 했습니다. 시민들은 총을 맞고 쓰러져 갔습니다.

"몰인정한 사람들 같으니……. 어떻게 저럴 수 있지?"

"이젠 우리도 죽을 각오로 싸워야 해요."

시민군의 감정은 더욱 격해졌습니다. 양쪽 사이에 치열한 전투가 벌어졌습니다.

"조금만 더 힘내자. 여기서 물러나면 안 된다."

"공격! 바스티유 성을 점령하라!"

얼마 후 요새는 시민군에게 함락되었습니다.

"수비 대장과 시장을 끌어 내라. 우리 손으로 죄값을 치르게 하자."

결국 요새의 수비 대장 드 르네와 시장 플레쎌이 시민군에 의해 살해되었습니다. 그리고 바스티유 성에 갇혀 있던 정치범들이 풀려났습니다. 이들은 시민군에 합세하기로 하였습니다.

"우리도 합류하겠습니다. 도움이 될 것입니다."

시민군의 사기는 더욱 높아졌습니다. 그리고 이 소문은 전국으로 퍼져 나갔습니다.

"소식 들었어요? 시민군이 승리했어요."

"우리도 가만히 있을 수 없지요. 혁명의 물결에 합류해요. 우리를 못살게 굴던 귀족놈들부터 혼내 줍시다."

"아이고, 귀족 살려!"

귀족들은 성난 시민들에게 쫓겨 너나할것없이 도망치기 바빴습니다. 그러자 왕과 신하들은 다급해지기 시작했습니다.

"왕께서 직접 타협에 나서는 게 어떨까요? 그렇지 않으면 혁명이 걷잡을 수 없이 확산될 것입니다."

국왕 루이 16세는 하는 수 없이 임시 방편의 타협에 나섰습니다. 국민의회에서는 왕에게 인권선언을 인정하라고 요구했습니다. 인권선언에는 지금까지 귀족

**인권선언**

프랑스 혁명 당시 입법의회가 공포한 선언으로 국민이 누려야 할 권리에 대하여 작성한 것입니다. 제1조가 바로 인간의 자유와 권리의 평등에 관한 것으로 "인간은 나면서부터 자유로우며 평등한 권리를 가진다."는 것입니다. 인간의 자연적 권리와 시민으로서의 권리를 보장하는 내용인 인권선언은 이후의 세계 헌법 제정에 큰 영향을 미쳤습니다.

바스티유 감옥 습격 장면

**국민공회**

프랑스 혁명 당시 구성된 의회이며 헌법제정의회로써의 성격을 갖습니다. '유일불가분의 공화국'을 선언한 국민공회는 지롱드당과 산악당이 서로 대립하며 각각 주도권을 장악하였고 이후 테르미도르당도 주도권을 갖게 됩니다.

들이 누렸던 특권을 없애라는 내용이 담겨 있었습니다. 또한 17개의 조항으로 되어 있는 인권선언 안에는 민간의 자유와 평등, 소유권 및 저항권, 언론의 자유와 민주주의의 원칙 등에 관한 내용이 담겨 있었습니다.

"말도 안 되는 내용이군. 이건 억지야. 어떻게 인정할 수 있단 말이야?"

하지만 국민들의 억센 반발을 그냥 넘길 수는 없었습니다. 루이 16세는 위기감을 느꼈습니다.

'일단 인정하고 보자. 뒷일은 나중에 생각해 봐야지.'

어쨌든 시민들이 중심이 된 혁명군은 귀족들을 몰아 내고 혁명정부를 구성했습니다. 혁명정부는 봉건 제도를 없애고, 귀족에게서도 세금을 걷기로 하는 등 여러 가지 제도를 고쳤습니다. 또한 부정직하게 모은 교회의 재산을 몰수해 나라의 빚을 갚기로 했습니다.

이렇게 프랑스는 시민의 국가가 되어 가고 있었습니다.

이 무렵, 루이 16세 앞에 다가온 사람이 있었습니다. 그는 루이 16세 앞에 무릎을 꿇고 충성을 맹세했습니다.

인권선언의 전문

"라파예트, 당신은 시민군의 사령관이 아니요? 대체 무슨 일로 찾아왔소?"

"못된 혁명가들의 음모로부터 왕정을 수호하겠습니다."

그는 시민들을 배신하고 군주주의의 앞잡이가 된 것입니다. 그는 왕에게 속삭였습니다.

"사람들을 안심시키려면 사탕발림의 말을 던지세요."

"알겠소. 앞으로의 일을 잘 부탁하오."

1799년 2월 4일, 루이 16세는 의회에 출석하였습니다. 그리고는 준비해 두었던 거짓말을 하기 시작했습니다.

"짐과 왕비는 충심으로 새 질서를 승인한다. 모든 프랑스인은 나를 따를 것을 권고한다."

모든 의원과 백성들은 이 말을 진심으로 알고 감격했습니다.

"왕이 정신을 차린 모양이군. 이제 살기 좋은 세상이 오겠지?"

시민들은 국가와 법, 그리고 국왕에게 충성을 다할 것을 맹세했습니다.

그러나 이 때, 이미 남프랑스에서는 혁명정부를 반대하는 폭동이 일어나고 있었습니다. 특권을 빼앗긴 승려와 귀족들, 그리고 직업 군인들의

**라파예트**

프랑스 혁명 당시 삼부회 소집의 주창자였던 라파예트는 국민공회에서 인권선언안을 제출하기도 했습니다. 이후 국왕과 혁명 세력의 중재자를 자처했던 그는 프랑스에서 공화제가 실시되기 전 투옥되었습니다. 라파예트는 출옥 후 다양한 정치 활동을 하며 훗날 7월혁명에서 시민들을 이끌었습니다.

**부르주아지(bourgeoisie)**

프랑스 시민혁명을 담당했던 계급을 뜻하는 부르주아지는 삼부회의 제3신분이었습니다. 이들이 일으킨 혁명 이후 봉건 제도가 사라지고 근대사회로 발전함에 따라 이들은 자본가 계급을 형성하게 되었습니다. 현대의 자본가 계급, 많은 재산을 가진 이들을 부르주아로 부르는 것도 바로 이 때문이랍니다.

불만이 고개를 들기 시작한 것입니다.

'혁명정부 편에 선 군인들을 모두 없애야지.'

특히 라파예트는 자신의 권력을 이용해 혁명정부 쪽에 선 군인들을 가차없이 처단했습니다. 때마침 혁명정부의 주요 인물들이 권력 다툼을 하며 내부 분열의 조짐이 보이기 시작했습니다. 물론 아직은 혁명정부가 무너질 정도로 와해된 것은 아니었습니다.

## 붙잡힌 루이 16세와 공포정치

이 무렵, 루이 16세는 자신의 권위와 자유로운 행동이 제지를 당하자 위험을 느끼기 시작했습니다. 성 밖으로 나갈 때에도 혁명정부의 동의를 얻어야 했습니다. 그러자 루이 16세 일파들은 그를 다른 곳으로 빼돌리려 했습니다.

"왕이시여, 이 곳에서 잠시 몸을 피하는 게 어떨까요?"

"나도 그러고 싶소만, 내가 어디로 갈 수 있겠소?"

"오스트리아에서 폐하를 도울 것입니다."

"좋습니다. 파리를 탈출합시다."

국왕은 왕비 마리 앙투아네트의 고향

인 오스트리아로 도망하기로 결심했습니다.

"이 곳을 아무도 모르게 빠져 나가야 하오."

국왕 부부와 태자, 공주, 시녀 등 왕 일가 8명은 사전에 치밀하게 계획을 세웠습니다. 이윽고 이들은 1791년 6월 20일 자정 무렵, 탈출을 감행했고 마침내 파리를 벗어나는 데 성공했습니다.

"이제 파리를 벗어났어요."

"우리 잠시 쉬었다 갑시다. 이제 안전할 거요."

루이 16세 일행은 탈출한 기쁨에 들떠 들판으로 산책을 하며 늑장을 부렸습니다. 그 무렵, 오스트리아로의 탈출을 돕기 위해 파리 외곽에 있던 호위대는 초조하게 국왕 일행을 기다리고 있었습니다.

"왜 이렇게 안 오실까? 벌써 오래 기다렸는데……."

"혹시 탈출에 실패한 것이 아닐까요?"

루이 16세는 부위에 장군의 호위대를 만나기로 한 장소에 네 시간이나 늦게 도착했습니다.

"어! 호위대가 어디로 갔지? 우리가 너무 늦게 도착한 모양이군."

"할 수 없네요. 우리끼리 빠져 나가는 수밖에요."

그러나 국왕 일행은 호위병도 없이 빠져 나가려

**마리 앙투아네트**

루이 16세의 왕비이자 오스트리아의 여왕 마리아 테레지아의 딸입니다. 아름다운 외모에 화려한 생활을 좋아한 마리 앙투아네트는 프랑스 혁명 이후 루이 16세와 함께 위험하고도 힘겨운 나날들을 보냈습니다. 재기를 노리던 마리 앙투아네트와 루이 16세는 결국 국고 낭비와 반혁명을 시도한 죄로 사형을 당했습니다.

마리 앙투아네트

**지롱드당**

프랑스 혁명 당시 국민공회의 한 당파였던 지롱드당은 급진 좌파였던 자코뱅당의 의원 중 노선이 다른 의원들이 독립하여 구성하였습니다. 급진적인 자코뱅당에 비해 온화한 연방주의를 제창하였던 지롱드당은 그 후 영향력을 발휘하지 못하다가 로베스피에르가 물러난 후 다시 활발한 활동을 전개하였습니다.

다가 바렌에서 붙잡히고 말았습니다.

"어디를 가십니까? 프랑스의 국왕께서 왜 이 곳에 계십니까! 저희와 함께 다시 파리로 가셔야겠습니다."

결국 6월 25일 밤, 국왕의 마차가 파리 시내로 들어섰습니다. 이것을 보는 시민들의 표정은 차갑기 그지없었습니다. 어느 누구 하나 모자를 벗어 경의를 표하지도 않았습니다.

"어떻게 프랑스를 버리고 도망갈 생각을 하지?"

"우리의 왕이라는 것이 부끄러울 뿐이야."

프랑스는 국왕에 대한 재판을 열었습니다.

지롱드당과 산악당의 싸움

"사형시켜야 하오. 용서할 수 없소."

"죄는 무겁지만 그래도 프랑스의 국왕인데 사형은 너무하오."

국왕의 재판 문제를 놓고 지롱드당과 산악당이 한판 싸움을 벌이게 되었습니다.

"의견이 갈라지니 표결에 붙입시다."

곧 이 문제를 두고 투표가 실시되었고, 사람들은 긴장하며 투표 결과를 기다렸습니다.

"투표 결과가 나왔습니다. 산악당의 승리입니다. 결과에 따라 왕은 사형입니다."

드디어 루이 16세는 1793년 1월 20일, 혁명 광장에서 사형

되었습니다. 많은 시민들이 보는 가운데 단두대에서 목이 잘린 것입니다.

이로써 프랑스에서의 절대왕정제는 막을 내렸습니다. 그리고 1793년 7월, 프랑스 의회에서는 공안위원회의 새로운 선출이 있었습니다.

"산악당의 로베스피에르를 의장으로 임명합니다."

그러나 이렇게 뽑힌 로베스피에르는 독재 정치를 하기 시작했습니다. 그는 같은 당의 동료마저 암살했습니다. 그리고 왕비인 마리 앙투아네트를 단두대에 올렸습니다.

"우리 프랑스를 망쳐 놓은 여자다. 단두대에 서게 하자."

그녀는 처형을 당했고 곧바로 산악당의 반대파였던 지롱드당의 12명도 같은 방법으로 처형당했습니다.

"비록 잘못은 했지만 너무 심한 거 같아."

사람들은 서서히 두려워하기 시작했습니다. 날이 갈수록

루이 16세의 처형 장면

⬆ 당통

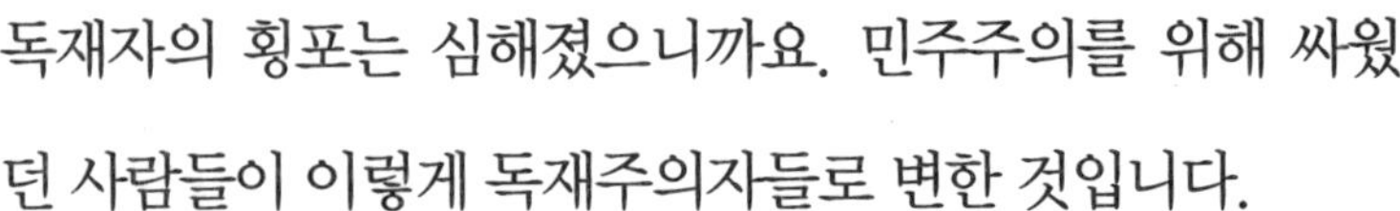

독재자의 횡포는 심해졌으니까요. 민주주의를 위해 싸웠던 사람들이 이렇게 독재주의자들로 변한 것입니다.

"저들도 똑같다. 왕과 다를 게 없어. 산악당을 몰아 내자."

다시 치열한 싸움이 벌어졌습니다.

"우리 당통파는 기필코 공포 정치를 중단시키겠다."

"그것만으로는 어림없어. 아예 무너뜨려야 해. 우리 에베르파는 시민들의 힘을 얻어 싸우겠어."

로베스피에르는 이것을 알아차렸습니다. 그리고는 자신을 반대한 사람들을 모두 체포해 버렸습니다.

"모두 단두대 위로 올려."

"그럴 만한 죄목은 없소. 보는 사람들의 눈도 있어요."

"죄목은 만들면 된다."

로베스피에르는 엉뚱한 죄를 뒤집어씌워 이들 모두를 처형해 버렸습니다. 그러면서도 그는 프랑스 시민들 앞에 떳떳하게 나서서는 엉터리 연설을 하곤 하였습니다.

"가장 위험한 것은, 애국자들에게 반국가 음모의 혐의를 씌우는 자들이다."

사실 그가 말하는 가장 위험한 자는 바로 자기 자신이면서 말입니다.

얼마 뒤 그는 당통파마저도 없애 버렸습니다. 당통은 죽음

직전에 로베스피에르에게 이런 말을 했습니다.

"너도 곧 내 꼴이 될 것이다."

1794년 봄의 일이었습니다.

잔인한 처형이 있은 지 몇 달 후인 1794년 7월, 로베스피에르도 반대파에 의해 체포되었습니다.

'나는 새도 떨어뜨린다는 나 로베스피에르가 결국 이렇게 무너지다니…….'

"당신은 많은 사람들을 단두대 위로 올렸소. 이제는 당신이 그 곳에 올라갈 때가 되었소."

그는 얼마 후 자신이 피로 물들인 혁명 광장에서 죽음을 맞고 말았습니다.

"이제야 프랑스에 진정한 평화가 찾아올 거야."

"속이 다 후련해. 얼마나 가슴 졸이며 살았다고."

그들 중에는 로베스피에르의 죽음을 슬퍼하는 사람은 단 한 명도 없었습니다. 로베스피에르와 더불어 공포 정치를 단행했던 일파 1백여 명도 그의 뒤를 따랐습니다. 혁명 광장이 다시 한번 피로 붉게 물들었던 것입니다.

로베스피에르

**시민혁명**

시민혁명의 주동 세력은 시민 계급, 즉 부르주아지였기 때문에 시민혁명을 부르주아혁명이라고도 합니다. 시민혁명은 중세의 봉건 제도를 자본주의 체제로 변화시켰다는 데에서 그 의의를 찾을 수 있습니다. 대표적인 시민혁명은 17세기의 영국의 시민혁명, 18세기 프랑스 혁명 등입니다.

# 작은 거인, 나폴레옹

나폴레옹은 로베스피에르의 산악당 아래에서 큰 활약을 했지만 테르미도르 반동으로 몰락하였습니다. 하지만 군인으로서 재기에 성공하여 강한 지도자가 나와 주기를 바랐던 국민들에게 환영을 받았습니다. 나폴레옹은 이 기세로 황제의 자리까지 올라 거의 전 유럽을 지배하다가 1812년의 무모한 러시아 원정으로 몰락하고 말았습니다. 나폴레옹은 워털루 전투에서 대패한 후 유배된 세인트 헬레나 섬에서 생을 마쳤습니다.

## 키 작은 거인

이탈리아의 제노바 만 남쪽에는 코르시카라는 작은 섬이 있습니다. 1769년, 이 곳에서 훗날 위대한 영웅으로 추앙받게 될 사내아이가 태어났습니다. 이 아이가 바로 나폴레옹이었습니다.

"조국이 멸망한 해에 태어난 아이로구나. 부디 큰 사람이 돼 줘야 할 텐데……."

그 해는 바로 코르시카 섬이 프랑스 왕정으로부터 독립하려다 실패한 해였습니다. 이 일로 인해 코르시카의 지도자였던 파올리는 영국으로 망명해 버렸습니다.

"나폴레옹, 우리는 프랑스로 귀순하자."

당시 독립 운동에 가담했던 나폴레옹의 아버지 카를로 보나파르트는 프랑스로 귀순했습니다. 나폴레옹은 프랑스

**코르시카 섬**

지중해 북부에 있는 코르시카 섬은 지형적 특성상 많은 민족들에게 지배를 받았으나 14세기 이후부터는 제노바인에게 지배를 받았습니다. 하지만 18세기에 프랑스에 매각된 이후로 프랑스 땅으로 남아 있습니다. 나폴레옹 1세의 고향으로 유명한 곳입니다.

코르시카 섬에 세워진 나폴레옹 동상

⬆ 나폴레옹 1세의 금메달

에서 공부를 하면서 자랐습니다.

"나폴레옹, 훌륭한 군인이 되면 성공할 수 있을 거야. 열심히 공부해야 한다."

그러나 소년 나폴레옹의 생각은 달랐습니다.

'프랑스 사람들과는 친구가 되고 싶지 않아. 우리 조국을 멸망시켰잖아. 파올리 님은 안녕하실까?'

그는 프랑스 사람들에게 반감을 품고 있었습니다. 그래서 그들과는 잘 어울리지 않았습니다. 그런 탓인지 나폴레옹은 58명 중 42등이라는 좋지 않은 성적으로 사관 학교를 졸업했습니다.

그러던 어느 날이었습니다.

"들었어? 프랑스에 혁명이 터졌어."

이렇다 할 야망도 없이 세월을 보내던 나폴레옹은 프랑스 혁명을 맞게 되었습니다. 이 때 나폴레옹은 생각했습니다.

'파올리 님도 코르시카로 돌아갔다. 나도 조국으로 돌아가서 혁명에 동참해야겠어.'

나폴레옹은 코르시카로 돌아가, 조국 독립을 위한 싸움에 가담하기로 했습니다.

"나폴레옹, 나와 함께 코르시카를 위해 싸우자."

"네, 물론이에요. 파올리 님을 따르겠습니다."

**보나파르트 가(家)**

이탈리아의 귀족 가문이었던 보나파르트 가는 16세기에 코르시카 섬으로 이주하였습니다. 보나파르트 가는 프랑스 황제로 등극한 나폴레옹 1세를 비롯, 코르시카 독립운동을 한 나폴레옹의 아버지, 나폴리와 스페인 왕이 되었던 형 조제프, 네덜란드 왕이 된 동생 루이, 훗날 프랑스 제2제정을 성립시킨 나폴레옹 3세 등을 배출하였습니다.

나폴레옹은 자신과 파올리가 뜻이 통했다고 생각했습니다. 그러나 머지않아 나폴레옹은 평소 존경해 왔던 지도자 파올리와 충돌을 하게 되었습니다.

“영국의 힘을 빌려서 완전한 독립을 해야 한다.”

나폴레옹은 파올리의 그 말에 찬성할 수가 없었습니다.

“제 생각은 다릅니다. 코르시카를 프랑스 본국의 다른 지역과 같이 자치구로 만들어야 합니다.”

“넌 아직 어려. 감히 나와 대적하겠다는 것이냐?”

이러한 의견 대립으로 결국 나폴레옹은 1793년 6월, 파올리 파에서 쫓겨나고 말았습니다.

“마르세유로 망명하자.”

모친과 누이를 데리고 마르세유로 망명한 것은, 나폴레옹의 나이 24살 때의 일이었습니다. 나폴레옹의 생활은 힘겹기만 했습니다.

‘나의 꿈은 산산이 깨져 버렸어. 이 지독한 가난을 어떻게 견딜 수 있을까…….’

이 상황 속에서 나폴레옹의 눈은 다른 곳으로 향하고 있었습니다.

“지금의 시민혁명이 새로운 길을 열어 줄지도 모른다. 정치에 뛰어들자.”

황제로 즉위했을 때의 나폴레옹

프랑스 본국에서 열기를 더해 가고 있던 시민혁명이 그의 관심을 끌었던 것입니다. 혁명의 분위기를 느낀 나폴레옹의 야심은 점차 커지고 있었습니다.

“저는 산악당의 입장을 옹호합니다.”

“좋소. 우리와 함께 합시다. 우리 뜻을 잘 전달할 수 있는 당의 팸플렛을 만들어 주시오.”

그는 ‘보케르의 야식’이라는 팸플렛을 만들었습니다. 그리고 그 해 8월에 이 팸플렛의 출판으로 인해 포병 연대장으로 승진했습니다.

“당신의 능력을 인정하는 바이오. 나폴레옹, 앞으로 보다 적극적인 활동을 기대하겠소.”

그 후 나폴레옹은 이탈리아 전선의 포병 사령관이 되었습니다. 이 때부터 나폴레옹은 두각을 나타냈습니다.

“나폴레옹이 지휘를 맡으면 백전백승이야.”

“젊은 사람이 정말 대단해.”

나폴레옹의 활약이 두드러지자 그는 프랑스 혁명의 중요한 인물로 꼽히게 되었습니다.

‘앞으로 나는 더 큰 역할을 맡게 될 것이다. 내가 프랑스의

핵심 인물이 될 날이 멀지 않았어.'

그러나 역사는 그의 뜻대로 움직여 주지만은 안았습니다. 단두대를 만들고 공포 정치를 일삼았던 로베스피에르가 몰락하고 말았던 것입니다.

"당신을 체포하러 왔소."

산악당의 일원이었던 나폴레옹 역시 당의 몰락과 함께 체포되고 말았습니다. 그는 6개월 동안 감옥살이를 했습니다. 옥에서 나왔을 때 그의 나이는 26세였습니다.

"나폴레옹, 이번에 방데라는 곳에서 폭동이 일어났는데, 이번에는 보병으로 진압에 참가하시오."

그러나 나폴레옹은 거부했습니다. 바로 자존심 때문이었습니다.

"난 포병 사령관 자리까지 있던 사람이오. 그런데 어떻게 보병으로 싸울 수 있단 말이오? 나는 이런 대우는 도저히 받아들일 수 없소."

"아직 상황 파악이 안 되는 모양이군. 군 장교 명단에서 당신의 이름을 삭제하겠소."

그런 탓에 나폴레옹은 다시 가난의 모진 고통을

겪게 되었습니다. 그는 조국 코르시카에서도 쫓겨난 데다가 프랑스에서도 미움을 받았습니다.

'내가 할 수 있는 선택이 아무것도 없구나. 날 받아 주는 곳도 없어.'

그러나 하늘은 결코 나폴레옹을 버리지 않았습니다.

"튈트리 궁전을 방어할 사람이 필요한데, 괜찮은 사람이 없을까?"

"나폴레옹이 어떻겠습니까? 그자의 능력은 믿을 만합니다."

"할 수 없군. 상황이 힘든 만큼 그에게 부탁하는 수밖에……."

절망에 빠진 나폴레옹에게 기회가 주어졌습니다. 방데의 위기 때 튈르리 궁전의 의회를 방어해 달라는 부탁이었습니다.

나폴레옹은 주먹을 꽉 쥐었습니다. 마지막 기회라는 생각이 들었습니다.

"좋습니다. 제가 그 일을 맡도록 하지요."

방데의 방어에 나선 나폴레옹은 일을 멋지게 성공하였습니다.

'역시 나폴레옹은 뛰어난 사람이야. 인정하지 않을 수 없구나.'

주위 사람들은 나폴레옹을 다시 보기 시작했습니다.

"이번 일에 공로가 크오. 당신에게 국내군 사령관의 직책을 맡기겠소."

그렇게 찾아온 기회는 나폴레옹에게 또다른 기회를 만들어 주었습니다.

이 때까지 프랑스에는 로베스피에르 파를 처단한 테르미도르 파의 집권이 계속되고 있었습니다. 그러나 프랑스는 아직 정치적 혼란이 수습되지

않고 있었습니다.

"나폴레옹, 팡데옹 당을 해산시키는 일을 해 주시오."

나폴레옹은 잠시 고민했습니다.

'이 당은 내가 가입하려던 당인데……. 어떻게 하면 좋지? 일을 맡는 것이 더 좋은 선택이 될지도 모른다.'

나폴레옹은 생각을 고쳐먹고 팡데옹 당을 해산시키는 일을 맡기로 했습니다.

"나폴레옹, 당신을 국내군 사령관에서 이탈리아 주둔군 사령관으로 임명합니다."

당 해산을 맡은 그는 이것이 오히려 득이 되어 더 좋은 직책을 맡게 되었

나폴레옹의 승전을 기념하기 위해 세워진 파리의 개선문과 여기에 새겨진 부조

습니다. 그는 니스로 떠나기 이틀 전 보아네르 자작의 미망인인 조세핀과 결혼을 하였습니다.

## 전쟁 영웅에서 황제로

이탈리아 주둔군 사령관으로 임명된 나폴레옹은, 모든 싸움에서 승리를 거듭했습니다.

나폴레옹의 군대가 가는 곳에서는 그야말로 승리의 환호성뿐이었습니다. 이탈리아는 불과 1년 만에 나폴레옹의 지배 아래 들어갔습니다.

"우리는 오스트리아로 진격한다."

그의 군대는 과연 무적이었습니다. 그가 휩쓸고 지나간 곳에는 반드시 프랑스의 깃발이 꽂혔습니다.

"나폴레옹이 승리했다는 소식입니다. 오스트리아와 조약을 맺었다고 합니다."

나폴레옹의 승리는 거듭되었습니다. 오스트리아와 강화조약을 맺은 그는 1797년 봄, 휴전을 하고 의기양양하게 프랑스로 돌아왔습니다.

"우리의 영웅! 나폴레옹, 환영해요."

"정말 프랑스에서 없어서는 안 될 인물이야."

**테르미도르반동**

프랑스 혁명 당시 공포 정치를 강행하던 로베스피에르를 몰아 내기 위해 반로베스피에르파와 당통 파, 지롱드 파가 반동을 일으켰는데 이를 테르미도르반동이라고 합니다. 하지만 소농민층 위주의 정치를 폈던 로베스피에르와 반대되는 정책을 편 까닭에 이들의 집권은 오래 가지 못했습니다.

나폴레옹의 이집트 원정 전투
(나폴레옹 기념관 기록화)

국민들은 영웅이 되어 돌아온 그를 열렬히 환영했습니다. 그러나 나폴레옹은 자만하지 않았습니다.

이 무렵, 프랑스는 영국을 견제해야 했습니다. 영국이 큰 힘을 뻗어오고 있었기 때문이었습니다. 이 때, 나폴레옹이 나섰습니다.

"영국을 쳐야겠군. 하지만 먼저 이집트로 가야겠다."

"영국을 치는데 왜 이집트로 가지요?"

그는 이집트를 거쳐 영국 본토로 진격하려는 치밀한 계획을 세웠습니다.

'나폴레옹의 군대가 이집트로 갔다지?'

영국에서는 그의 계획을 이미 알아차렸습니다.

"넬슨 제독을 이집트로 보내자."

영국은 즉시 넬슨 제독이 통솔하는 함대를 이집트로 보냈습니다. 나폴레옹은 피라밋 전투에서 이집트군을 대파하고 곧장 영국으로 진격하려고 하였습니다. 그러나 그 때 넬슨 제독이 이집트에 다가와 있었습니다.

"이 곳에 프랑스의 함대가 있을 것이다. 어서 찾아봐."

**넬슨 제독**

영국의 노퍽에서 출생한 넬슨은 해군에 입대한 뒤 미국 독립전쟁과 프랑스 혁명전쟁, 코르시카 섬 점령에서 활약했습니다. 이 와중에 오른쪽 눈과 오른쪽 팔을 잃었으나 굴하지 않고 1803년 이후에는 지중해 함대 사령관으로 복무했습니다. 1805년의 트라팔가르 해전을 영국의 대승으로 이끌었으나 이 당시 저격으로 전사하고 말았습니다. 넬슨 제독은 '나일강의 남작'이라는 별명도 가지고 있었습니다.

넬슨 제독은 알렉산드리아의 동쪽 아부키르 만에 정박 중이던 프랑스 함대를 찾을 수 있었습니다.

"바로 저기다. 공격하라."

나폴레옹이 영국으로 진격하려는 순간 충격적인 소식이 전해졌습니다.

"우리 함대가 공격을 받았다고?"

나폴레옹은 꼼짝할 수 없었습니다. 이런 그에게 나쁜 소식이 한 가지 더 들려왔습니다.

"좋지 않은 소식이 또 있습니다. 프랑스의 혁명 정부가 곧 무너질 위기에 처해 있습니다."

"본국으로 돌아가야겠다."

나폴레옹은 전장에서 빠져 나와 프랑스로 귀국했습니다.

"잘 돌아와 주었소. 기다리고 있었소."

"시에예스 님, 이게 어찌 된 일입니까?"

"나와 손을 잡고 이 혼란을 바로잡아 줬으면 하오."

이렇게 해서 나폴레옹은 시에예스와 손을 잡고 쿠데타를 일으켰습니다. 나폴레옹은 무력으로 의회를 해산시켰습니다.

**제1제정**

나폴레옹이 독재 후 이룩한 제국을 말하며 이 제1제정 시기에 나폴레옹은 시민 생활의 안정을 위해 상공업 및 시장의 발전, 자본 축적의 강령을 내걸었습니다. 국내적으로는 국민을 위한 정책을 폈고, 국외적으로는 전쟁을 계속하여 유럽을 치하에 놓음으로써 큰 인기를 얻기도 했습니다.

그들의 쿠데타는 성공했습니다. 다행히 불안에 떨던 시민들은 나폴레옹을 적극적으로 지지했습니다.

"우리에겐 나폴레옹 같은 영웅이 필요해."

1799년, 그의 나이는 서른이었고, 이 시기를 기점으로 프랑스 혁명은 마무리되었습니다. 이 때 나폴레옹은 다시 군대를 모아 출정을 준비했습니다.

"우린 다시 오스트리아를 쳐야 한다. 그러기 위해서는 알프스를 넘어야 해."

나폴레옹의 결심은 아주 단호했습니다.

"그건 불가능합니다. 눈쌓인 알프스를 어떻게 사람이 넘을 수 있습니까?"

나폴레옹의 이 무모한 계획을 장교들이 앞다투어 말렸습니다. 그러나 나폴레옹은 고집을 꺾지 않았습니다.

"나의 사전에 불가능이란 없다."

그는 결국 군대를 거느리고, 험준한 알프스 산맥을 넘고야 말았습니다. 인간의 힘으로는 도저히 넘을 수 없으리라고 생각했던 일이지요.

"프랑스군이 쳐들어왔다. 어서 피해라."

◐ 알프스를 넘는 나폴레옹

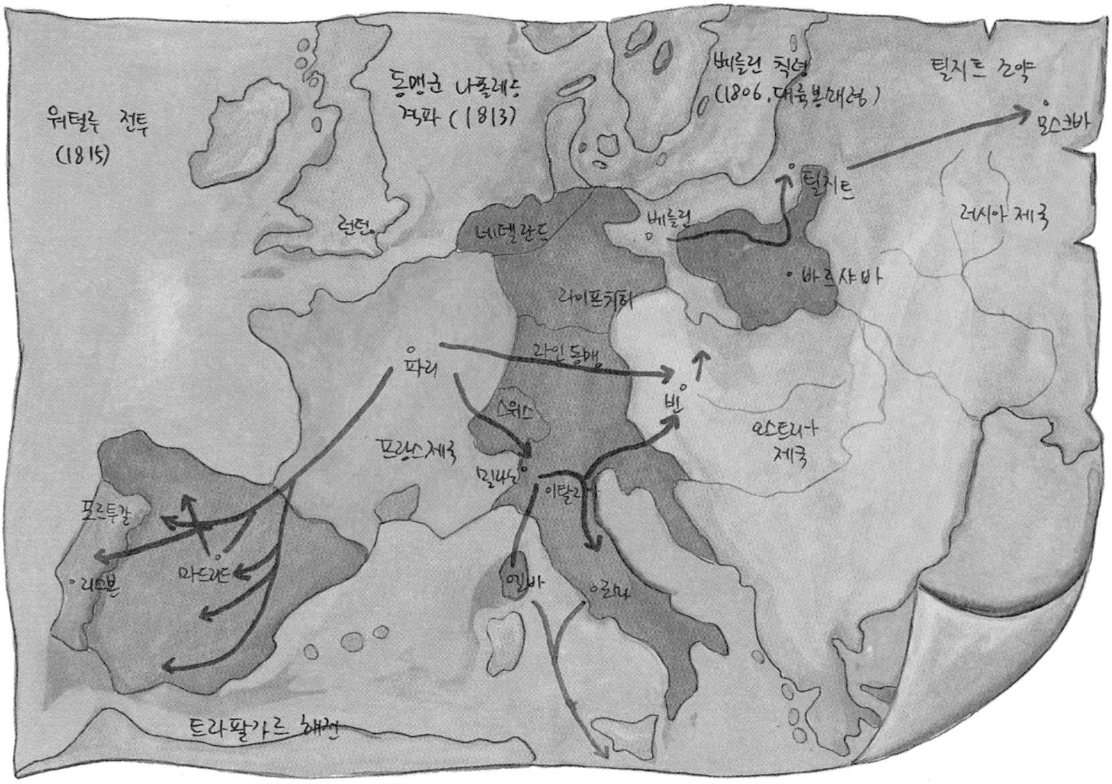

→ 나폴레옹 원정 방향 ● 프랑스 제국(1804년) ● 프랑스 지배를 받은 나라 ⇧ 나폴레옹이 정복했던 땅

"알프스를 넘어오다니……. 정말 사람도 아니야."

나폴레옹은 오스트리아로 진격해 들어갔습니다. 그는 단숨에 라인 강 기슭에 있던 오스트리아 소유의 땅까지 빼앗아 버렸습니다.

그리고 나폴레옹은 오랫동안 싸워 온 숙적 영국과 아미앵 조약을 체결하였습니다. 오랜만에 유럽 전역에 평화가 찾아왔습니다.

"프랑스는 그 동안 너무 혼란스러웠다. 여러 가지 손봐야 할 것들이 많겠구나."

황제의 자리에 오른 나폴레옹이 조세핀 왕비에게 왕관을 전하는 모습

프랑스로 돌아온 그는, 국내의 평화와 국가 재건을 위해 온 힘을 기울였습니다. 또한 은행을 설립하고 사법 제도를 개편했습니다. 나폴레옹 법전을 만든 것도 이 때였습니다. 바로 이 무렵부터 나폴레옹에 대한 불만이 터져 나오기 시작했습니다.

"나폴레옹은 자기 멋대로인 것 같아. 이건 독재 정치야."

"맞아. 이건 군사 독재야."

한쪽에서는 그를 몰아 내려는 음모를 꾸미는 사람들도 있었습니다. 그러나 이들은 하나씩 발각되고 말았습니다.

이런 혼란 속에서 프랑스는 나폴레옹의 손에 의해 강력한

**대륙봉쇄**

유럽의 대부분을 지배했던 나폴레옹이 유일하게 정복하지 못했던 영국을 경제적으로 봉쇄하기 위한 령이었으며 영국과의 무역 금지와 영국 및 영국 식민지 제품 몰수 등의 정책을 시행했습니다. 그러나 대륙봉쇄령의 부작용으로 포르투갈, 에스파냐와 러시아 등이 프랑스 지배에서 빠져 나갔으며 이후 러시아 원정 실패까지 낳게 됨으로써 영국의 승리로 남게 되었습니다.

국가로 만들어지고 있었습니다.

'이제 프랑스는 어느 정도 안정을 찾은 것 같구나.'

1804년 12월 2일, 프랑스에 국민 투표가 있었습니다. 투표에 의해 나폴레옹은 황제의 자리에 오를 수 있었습니다. 동시에 이탈리아의 왕이 되기도 하였습니다.

'프랑스 산업 발전과 함께 중요한 과제가 또 있다. 그것은 바로 유럽 정복이다. 우선 영국을 반드시 쳐부숴야 해.'

그는 줄곧 영국을 공격했으나, 매번 실패하고 말았습니다. 나폴레옹은 다시 전쟁을 시작했습니다. 1805년 8월에는 영국 본토의 상륙 작전을 준비했고 9월에는 오스트리아를 침공하여 수도인 빈을 점령했습니다.

영국을 반드시 쳐부숴야 한다.

"이제 영국 본토로 들어가자. 영국을 우리 손에 넣으면 유럽이 모두 프랑스 손에 들어온다."

그러나 영국도 가만 있지는 않았습니다.

"어림없는 소리! 나 넬슨이 있는 한 너희 프랑스군은 영국 땅에 들어올 수 없다."

프랑스군과 영국군의 치

넬슨 제독의 승리를 기념하기 위해 만들어진 트라팔가르 광장과 넬슨 제독의 동상

열한 전투가 벌어졌습니다. 그러나 프랑스군은 트라팔가르 해협에서 영국 함대에 의해 치명적인 패배를 당하고 말았습니다. 큰 타격을 입은 나폴레옹은 결국 영토 본토의 상륙 작전을 포기해야 했습니다.

'이번에도 영국군한테 지고 말았다.'

나폴레옹은 이를 갈며 분을 삭히지 못했습니다.

그러던 어느 날이었습니다. 영국에서 넬슨 제독이 전사했다는 소식이 날아들었습니다.

"한 번도 이겨 보지 못했는데 그가 죽고 말았구나."

비록 영국 상륙 작전은 실패했지만 그의 전쟁은 끝나지 않았습니다. 나폴레옹은 계속 진격했습니다.

'해상에서는 졌지만, 육지에서만큼은 절대 지지 않는다.'

프랑스군은 육지의 싸움에서는 매번 기적처럼 승리를 거두었습니다.

나폴레옹의 승리 중에는 '최대의 걸작' 이라고 일컬어지는 싸움이 있습니다. 그것은 오스트리아를 완전히 굴복시킨 '삼제회전' 이었습니다.

"이 전투는 우리에게 너무나 불리합니다. 상대 병력은 우리보다 2만 명이나 많아요. 또 우리 군을 양쪽에서 공격해 온다면 이기기 어렵습니다."

"나도 알고 있는 사실이다. 하지만 우리는 승리한다."

그는 이 불리한 싸움에서도 승리했습니다. 나폴레옹의 승리는 그칠 줄 몰랐습니다. 그는 포르투갈과 스페인까지 점령했습니다.

승리에 승리를 거듭하던 나폴레옹은 1812년, 이번에는 러시아로 쳐들어갔습니다.

"러시아의 수도 모스크바를 점령한다."

그러나 이 곳에서 나폴레옹은 쓰라린 패배를 맛보아야 했습니다.

"러시아의 겨울은 너무 혹독하다."

"춥고 배고파서 견딜 수가 없어."

나폴레옹의 군사들은 굶주림과 추위 속에서 지쳐갔습니다. 그들은 이미 전의를 상실한 지 오래였습니다.

"프랑스로 돌아간다. 후일을 기약하자."

프랑스군은 후퇴하면서도 많은 사상자를 냈습니다.

"우리가 순순히 보내 줄 것 같으냐?"

프랑스군이 철수를 시작하자 이를 노린 러시아군이 공격을 하였습니다.

"50만의 군사가 전멸하고 말았습니다."

**삼제회전**

아우스터리츠(현재의 슬로바키아 부근)에서 일어난 전투이기 때문에 아우스터리츠 전투라고 불리기도 합니다. 나폴레옹 지배기에 영국과 오스트리아, 러시아는 대프랑스동맹을 결성했는데 나폴레옹은 독일을 치게 되었습니다. 이에 오스트리아와 러시아의 동맹군이 아우스터리츠에서 나폴레옹군과 벌인 싸움이 삼제회전이었는데 나폴레옹의 대승리로 끝이 났습니다.

뒤이어 파리 역시 연합군에 의해 함락되었습니다. 1814년 3월의 일이었습니다. 나폴레옹은 전열을 가다듬어 재공격을 하였지만 무참히 패하고 말았습니다.

"황제의 자리에서 물러나 주셔야겠습니다."

나폴레옹은 결국 황제의 자리에서 쫓겨났습니다.

'하늘이 나를 버리시는가.'

그는 자신의 조국 코르시카 옆에 있는 작은 섬인 엘바로 유배되었습니다. 그의 모습은 처참하기 그지없었습니다.

"여기서 쓰러질 수 없다. 지금까지 수많은 싸움을 이겨 낸 내가 아닌가. 분명 솟아날 구멍이 있을 것이다."

나폴레옹에게 치명적인 패배를 안겨 준 워털루 전투와 보로디노 전투

1815년 나폴레옹은 자신의 유배지에서 탈출했습니다.

'이번 기회를 놓쳐서는 안 된다.'

나폴레옹은 옛날의 영광을 되찾기 위해 안간힘을 썼습니다. 하지만 그의 노력은 불과 1백 일 만에 수포로 돌아갔습니다. 워털루 전투 연합군에게 패하고 만 것입니다. 이를 '백일천하' 라고 합니다.

"이번 유배지는 세인트 헬레나 섬입니다."

나폴레옹은 다시 유배되었고, 이후 넓은 세계로 나오지 못했습니다. 그 곳에서 위대한 영웅 나폴레옹은 최후를 맞았습니다. 1821년 5월 5일, 그의 나이 52세였습니다.

**베토벤과 찢어진 '영웅'**

나폴레옹이 황제에 즉위하는 날, 오스트리아의 빈에서는 베토벤이 악보를 찢고 있었습니다. 이유는 위대한 영웅 나폴레옹 때문이었습니다.
베토벤은 평소에 나폴레옹을 몹시 존경하여 그를 위해 '영웅 교향곡' 까지 만들었습니다. 베토벤은 프랑스 혁명군이며 인간의 자유를 위해 싸우는 영웅으로서의 나폴레옹을 좋아했습니다. 그러나 베토벤은 권력에 대해 지나치게 욕심을 부리는 나폴레옹을 발견하고는 더 이상 존경하지 않았고 그를 위한 '영웅 교향곡' 까지 찢어 버린 것입니다.

세인트 헬레나 섬과 유배 중인 나폴레옹

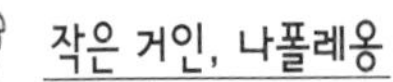


# 저기요, 선생님! 이런게 궁금해요

## 7월혁명과 2월혁명이 일어났어요

**⬆ 샤를 10세 (베르사유 미술관 소장)**

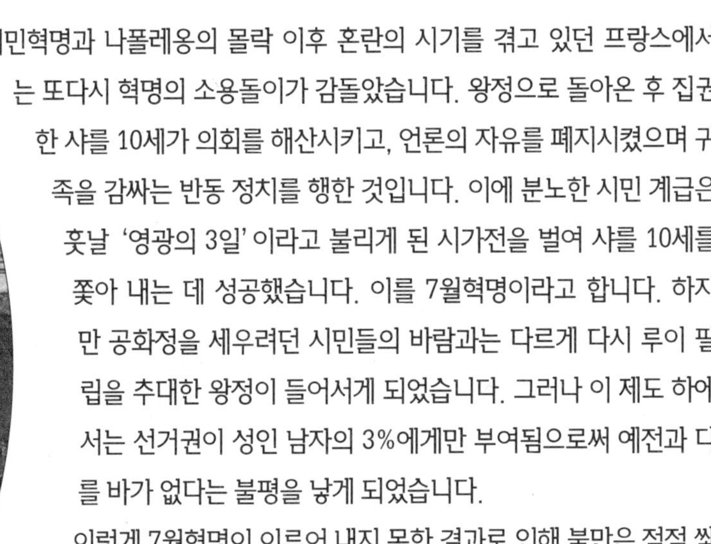

시민혁명과 나폴레옹의 몰락 이후 혼란의 시기를 겪고 있던 프랑스에서는 또다시 혁명의 소용돌이가 감돌았습니다. 왕정으로 돌아온 후 집권한 샤를 10세가 의회를 해산시키고, 언론의 자유를 폐지시켰으며 귀족을 감싸는 반동 정치를 행한 것입니다. 이에 분노한 시민 계급은 훗날 '영광의 3일'이라고 불리게 된 시가전을 벌여 샤를 10세를 쫓아 내는 데 성공했습니다. 이를 7월혁명이라고 합니다. 하지만 공화정을 세우려던 시민들의 바람과는 다르게 다시 루이 필립을 추대한 왕정이 들어서게 되었습니다. 그러나 이 제도 하에서는 선거권이 성인 남자의 3%에게만 부여됨으로써 예전과 다를 바가 없다는 불평을 낳게 되었습니다.

이렇게 7월혁명이 이루어 내지 못한 결과로 인해 불만은 점점 쌓이게 되었고 7월혁명을 일으켰던 내각마저 선거권을 제한하고 언론을 탄압함에 따라 1848년 2월 파리 시민들은 다시 일어섰습니다. 이 결과로 루이 필립은 퇴위하게 되었고 나폴레옹 1세의 조카 루이 나폴레옹의 제2공화정이 성립되었으며 마침내 성년 남자에게 보통 선거권이 부여되었습니다.

프랑스의 7월혁명과 2월혁명은 유럽 각국에 자유주의 운동을 불러일으켰습니다. 먼저 7월혁명의 영향으로, 네덜란드에 통합되어 있던 벨기에가 독립했고 뒤이어 핀란드, 독일, 이탈리아, 스위스에서도 독립운동이 일어났습니다. 이 독립운동들은 민족주의적인 색채가 강했으며 큰 반향을 낳았으나 성공을 거두지는 못하였습니다. 또한 영국에서는 제1차 선거법 개정이 이루어져 노동자들이 단독적으로 계급 구성을 할 수 있었고 이는 차티스트 운동으로 이어지게 되었습니다.

7월혁명<왼쪽>과 2월혁명<오른쪽>(베르사유 미술관 소장)

한편 2월혁명 또한 전 유럽에 자유주의의 영향을 가져다 주었는데 이는 빈 체제의 몰락과 관련이 깊었습니다. 빈 체제는 프랑스 혁명과 나폴레옹으로 인해 흐트러진 유럽의 질서를 회복하고 복고주의와 세력의 균형을 이루자는 취지로 오스트리아의 재상 메테르니히가 중심이 되어 만든 체제였습니다. 2월혁명으로 헝가리, 보헤미아에서 독립운동이 일어나면서 빈 체제의 주도자 메테르니히가 추방되었고 이탈리아에서 마치니가 통일운동을 일으켰으며 독일에서 프랑크푸르트 회의가 열려 국가의 통일 방안이 논의되는 등 빈 체제는 몰락하고 말았습니다.

## 크림전쟁이 일어났어요

크림전쟁은 나폴레옹의 몰락 이후 유럽 국가들끼리 처음 벌인 전쟁입니다. 바로 크림반도와 흑해를 둘러싸고 러시아, 오스만투르크, 영국, 프랑스, 프로이센, 사르데냐 사이에 일어난 전쟁이지요. 크림전쟁은 1853년에서 1856년 사이에 일어났으며 이 전쟁으로 인해 러시아에서는 근대화 운동이 일어났고 농노 해방과 개혁사업이 추진되었습니다. 또한 간호사 나이팅게일의 활약으로 이후부터 여성들도 전쟁에 참여할 수 있게 되었습니다.

크림전쟁

# 산업혁명

프랑스 혁명과 나폴레옹 전쟁이 일어날 무렵 영국에서는 커다란 혁명이 일어나고 있었습니다. 이것은 눈에 드러나는 것은 아니었지만, 다른 무엇보다 큰 변화를 일으키는 것이었습니다.

이것은 바로 산업혁명이었습니다. 이로 인해 문명은 급속도로 발전할 수 있었습니다. 산업혁명 시기는 보통 1760년에서 1830년경으로 봅니다. 그럼 영국에서 일어났던 일들을 살펴볼까요?

산업혁명기의 영국

# 기계혁명

## [원래는 손으로 만들었어요]

유럽의 중세 산업은 수공업자들의 시대였습니다. 이 때는 무엇을 만들건, 손으로 만들어야 했습니다. 공장이란 것은 대개 장인들의 집을 말했지요. 이 집에는 장인의 제자에 해당하는 직인과 견습공에 해당하는 도제가 있었습니다. 대량으로 소비되는 물건은 바로 이런 곳에서 만들어졌습니다. 그밖의 농가에서는 귀족들에게 주문 받은 옷을 만들곤 했습니다.

## [대규모의 생산이 필요했어요]

영국은 16세기로 접어들면서 변화하기 시작했습니다. 지리상의 발견에 따라 사업이 세계 전역으로 뻗어 나가게 되었기 때문입니다. 따라서 유럽에서 만들어진 물건들이 매우 많이 필요하게 되었습니다. 이른바 대규모 생산 방법이 필요했던 것입니다.

장사로 돈을 많이 번 사람들은 장인이나 직인, 또는 도제들을 대량으로 고용했습니다. 대량 생산을 하기에 이른 것이지요. 이것이 공장 제도의 출발입니다.

## [옷감을 만드는 기계]

17세기 이후 영국은 세계의 해상권을 거의 독차지하게 되었습니다. 그 결과로 영국이 주요 무역국으로 등장했지요. 영국은 여러 가지 물자를 무제한으로 수출할 수 있게 되었습니다. 그들은 물건이 없어서 못 팔 정도였습니다. 그래서 생각해 낸 것이 기계였습니다.

그들은 기계 중에서도 옷감을 만들어 내는 방적기 발명에 힘을 기울였습니다.

방적기

1733년부터 시작해 존 케이, 제임스 하그리브스, 리차드 아크라이트에 의해 방적기가 만들어져 개량되었습니다. 이 방적기는 인도에서 수입되는 목면을 원료로 하여 대량의 면직물을 생산해 냈습니다.

## [일자리를 잃었어요]

기계의 발명으로 사람들은 놀랄 만한 발전을 보게 되었습니다. 그러나 그 대신 일자리를 잃어버리는 사람들도 늘어났습니다. 사람의 손보다 몇 배 빠르게 일을 해내는 기계가 나왔으니까요. 그리하여 방적기의 최초 발명자 존 케이는 일자리를 잃어버린 사람들의 미움을 받았습니다. 그는 발명의 노고에는 보답을 받지 못한 채 매우 불행한 일생을 보냈다고 합니다.

방적기 공장 (1853년, 영국)

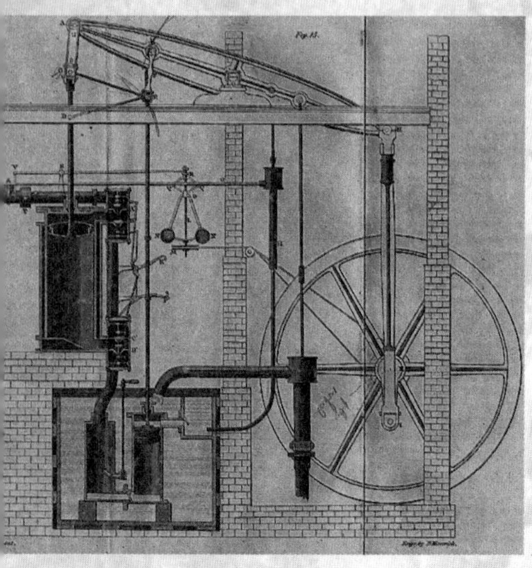

⬆ 와트의 증기 기관 구조도

# 동력혁명

## [놀라운 증기의 힘]

1744년부터 증기의 힘이 기계를 움직이기 시작했습니다. 방적기도 처음에는 수력에 의해 움직였습니다. 수력을 이용하던 시절에는 공장들이 산 속의 골짜기에 흐르는 급류 근처에 자리를 잡아야 했습니다. 그러나 증기 기관이 이용됨에 따라 그럴 필요가 없게 되었습니다. 오히려 널찍하고 교통이 편리한 곳에 공장이 들어섰습니다. 맨체스터, 글래스고, 버밍엄, 셰필드 같은 근대 공업 도시들이 생겨난 것도 바로 이 때였습니다. 증기 기관의 발명은 생산력을 높이는 데 기여했습니다. 이 증기 기관의 발명이야말로, 18세기 후반의 생산 기술 혁명에 가장 큰 도움을 주었습니다.

## [제임스 와트의 발명]

⬆ 최초의 증기 자동차

증기 기관을 발명한 것은 제임스 와트라는 사람이었습니다. 1774년의 일이었지요. 그는 맨 처음 방적기에 이 기관을 이용하여 큰 성공을 거두었습니다. 증기로 움직이는 기계들은 수력에 비해 더욱 활발하게 움직였습니다. 자연히 증기 기관을 이용한 기계를 찾는 이가 많아졌습니다. 기계는 결국 모자라는 지경에 이르렀습니다. 결국 이 증기 기관의 발명이 기계 공업을 발달시켰습니다. 더불어 기계의 재료를 제공하는 제철업도 함께 일어났습니다. 그리고 광업도 번성하게 되었습니다. 증기 기관의 가동에 쓰일 많은 석탄이 필요했기 때문입니다.

## [해상 교통의 혁명, 증기 기선]

불과 150년 전인 19세기 초까지 세계의 중요한 교통 수단은 말, 수레, 배 같은 느린 것뿐이었습니다. 모스크바까지 휩쓸고 다녔던 나폴레옹도 말과 배만을 이용했을 뿐입니다. 유럽 · 아프리카 · 아시아 · 아메리카 등 4개 대륙의 무역을 독점했던 영국도 이 상황은 마찬가지였습니다.

미국인 로버트 풀턴은 최초로 증기 기선을 만든 사람입니다. 그는 원래 그림 공부를 하기 위해 영국으로 건너간 유학생이었습니다. 그는 우연히 제임스 와트를 알게 되었습니다. 그리고 그의 증기 기관을 배에 이용할 수는 없을까 하고 생각했습니다.

그는 그림 공부를 뒤로 제쳐두고 이 일에만 몰두하였지요. 결국 1803년, 처음으로 증기 기선을 만드는 데 성공했습니다. 그는 이 증기 기선이 쓸 만하니 프랑스 해군에게 쓰지 않겠느냐고 제의를 했다고 합니다. 나폴레옹은 기선이 쓸모 없는 것으로 보였는지 거절을 했지요. 만약 해군력이 약했던 나폴레옹이 이 증기 기선을 사용했다면 세계 역사는 또 한번 바뀌었을지도 모르겠지요?

미국으로 돌아온 로버트 풀턴은 또다른 증기 기선을 만들었습니다. 그리고 1807년에 허드슨 강의 정기 항로를 개설했지요. 이 증기 기선은 해상 교통의 혁명이었습니다.

초기의 증기 기선<오른쪽>과 19세기의 증기 기선<왼쪽>

## [육상 교통의 혁명, 증기 기관차]

증기 기관차는 1814년, 조지 스티븐슨에 의해 발명되었습니다. 그러나 실제로 이용된 것은 1830년, 공업 도시 맨체스터에서 항구 도시 리버풀 사이에 철도가 놓인 뒤였습니다. 이 때 운행된 기관차의 평균 시속은 약 45킬로미터였다고 합니다. 철도는 새로운 교통기관으로 전 영국에 퍼져 나갔습니다. 19세기 말까지 기관차는 다양한 발전을 거듭하였고 대형화를 이루면서 실을 수 있는 무게도 점점 늘어났습니다. 이는 사람의 수송뿐만 아니라 화물의 수송을 용이하게 하여 산업 발달에도 크게 기여하였습니다. 디젤 기관차가 발명되기 전까지 증기 기 기관차는 각 방면에서 유용하게 쓰였습니다.

◀ 스티븐슨이 발명한 증기 기관차 로커모션 호

▼ 초기의 증기 기관차(1825년)

# 농업혁명

## [영농 방법은 아직도 중세였어요]

영국은 유럽의 다른 나라들보다 먼저 농노제를 없앴습니다. 영국은 오랫동안 부유한 자작농의 나라로 알려졌지요. 그럼에도 불구하고 영농 방법은 중세의 삼포제 그대로였습니다. 즉, 밭은 모두 여름갈이, 겨울갈이, 휴경지로 나누어 2년에 한 번씩 놀렸지요. 농민의 경작지는 구분 없이 뒤섞여 있었습니다.

이러한 경작지와 농민이 공동으로 이용하는 땅을 개방 농지라고 불렀습니다. 이 곳에서는 경작, 파종, 수확, 방목 등 모든 것이 공동의 규율에 따라 행해졌지요. 따라서 개인의 창의력에 의한 개발은 사실 불가능했습니다.

## [경작지가 목장으로 바뀌었어요]

17세기 모직물 공업이 발달하자 많은 경작지가 양을 치는 목장으로 바뀌었습니다. 또한 18세기 중엽에는 농업 연구가들이 네덜란드에서 도입한 무와 클로버를 휴경지에 심도록 했습니다. 이 방법 때문에 농토는 더욱 비옥해졌습니다. 게다가 클로버 같은 목초 재배로 목축업이 발달하게 되었습니다.

이와 때를 같이 하여 공업 도시가 많이 생겨났고, 인구가 늘어났습니다. 농업 기구도 몰라보게 개량되었으며, 농산물도 예전에 비해 훨씬 많이 생산되었습니다. 따라서 농민들의 수입도 급격하게 불어났지요. 이 당시 공동으로 이용할 수 있는 토지에 경계를 치고 사유지로 변화시키는 운동이 일어났는데 이를 인클로저 운동이라 했고 이 운동은 곧 큰 붐을 일으켰습니다.

산업혁명 초기 영국 도시의 모습

# 미국의 독립과 남북전쟁

영국 이민자들이 일군 식민지 발달에 자극을 받은 영국 정부는 이민자들에게 세금을 강요했고 이에 반발하던 이민자들은 영국을 상대로 독립전쟁을 벌였습니다. 그리고 1789년에는 조지 워싱턴이 대통령에 오르며 미국의 역사를 열었습니다. 이후 순탄한 역사를 이어가던 미국은 노예 제도에 대한 남과 북의 대립으로 1861년부터 1865년까지 동족상잔의 비극인 남북전쟁을 벌였고 에이브러햄 링컨이 북군을 승리로 이끎으로써 이후 미국은 안정의 길을 걷게 되었습니다.

## 독립전쟁

영국에서는 1607년에 최초로 상륙한 수잔 콘스탄틴 호를 시작으로 20여 년 동안 5천 명이 넘는 사람들을 신대륙 아메리카에 보냈습니다. 이는 식민지 개척을 위해서였는데, 이들은 영국의 이익을 위해 활동했습니다.

수잔 콘스탄틴 호

물론 이들은 영국과는 다른 기후, 그리고 인디언과의 싸움에 휘말려 죽음에 이르는 경우도 많았습니다. 그러나 이 곳에서 끝까지 버텨 낸 사람들은 '제임스타운' 이라는 마을을 건설하고 신대륙 개

척의 선구자가 되었습니다.

특히 인디언 처녀 포카혼타스와 결혼한 존 롤프는 담배 재배업으로 성공하여 영국인들로 하여금 신대륙에 대한 희망을 품게 했습니다. 존 롤프의 성공이 세상에 알려지자 영국인들은 앞다투어 아메리카 땅으로 몰려들었습니다. 그들은 제임스타운 말고도 플리머스라는 마을을 건설하여 점차 아메리카 땅에 자리를 잡기 시작했습니다. 그렇게 하여 그들은 본국의 통제를 받지 않고 자치권을 행사했습니다.

서부개척 시대의 마차

바로 그 무렵이었습니다. 그전까지 아무런 도움을 주지 않고 지켜만 보던 영국 정부는 돌연 식민지 개척자들에게 세금을 강요했습니다.

"갑자기 세금이라니? 우리가 죽음을 무릅쓰고 개척할 때는 쳐다보지도 않더니, 무슨 뚱딴지 같은 소리야?"

"맞아요. 영국 정부는 우리에게 세금을 강요할 권리가 전혀 없어요!"

식민지 주민들은 크게 반발했습니다. 그도 그럴 것이 지금까지 그들은 스스로 의회를 만들어 큰 일을 결정하고 아무런 탈 없이 생활하고 있었던 것입니다. 그들은 영국 정부

**아메리카 인디언**

콜럼버스는 신대륙 자체를 인도로 착각하여 신대륙의 원주민을 인디오라고 불렀습니다. 이 인디오를 인도인과 구별하기 위하여 아메리카 인디언이라고 부르게 된 것입니다. 유럽인들의 침입으로 자신들의 터전을 빼앗긴 아메리카 인디언은 문명 파괴와 인구의 감소에도 불구하고 지금까지 끊이지 않고 자신들의 명맥을 유지해 오고 있습니다. 아메리카 인디언은 담배, 땅콩, 옥수수, 감자, 고구마 등을 구대륙에 전파하였습니다.

**보스턴 차 사건**

1773년 영국이 미국 상인에 의한 차 밀무역을 금지시키고 동인도회사에 독점권을 부여하자 보스턴의 시민들이 영국으로부터의 차 수입을 저지하기 위해 일으킨 사건입니다. 이로 인해 영국은 식민지 통제책을 강화하고 보상을 요구하였으나 보스턴은 이에 대항하였고 훗날 미국 독립혁명으로까지 이어지게 되었습니다.

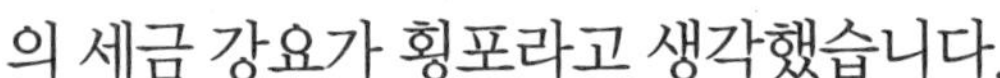

의 세금 강요가 횡포라고 생각했습니다.

"안 되겠어요. 우리의 대표를 영국 정부에 보내 우리의 생각을 전달해야겠어요."

식민지 사람들은 벤자민 플랭클린을 대표로 뽑아 영국 국왕인 조지 3세에게 보냈습니다. 그러나 플랭클린을 만난 조지 3세는 아주 단호했습니다.

"너희들도 영국 시민이다. 세금을 내야 한다. 세금을 내지 않는 자는 엄벌에 처할 것이다!"

그 소식을 전해 들은 식민지 주민들은 영국 정부의 어이없는 횡포에 주먹을 불끈 쥐었습니다.

"안 되겠어요. 영국 정부에 맞서 싸웁시다. 우리의 권리를 찾아야 해요."

"맞습니다. 이 기회에 영국 정부로부터 독립합시다!"

이윽고 1775년 4월, 렉싱턴이라는 작은 마을에서 한 발의 총성이 울렸습니다. 그것은 미국의 독립전쟁을 알리는 신호탄이었습니다.

렉싱턴 전투는 곧 식민지 전체로 퍼져 나갔습니다. 독립혁명군의 총사령관에는 조지 워싱턴이 임명되었고, 그는 매우 지혜롭게 군사들을 이끌었습니다.

워싱턴은 적은 군사였지만, 막강한 무기로 무장한 영국군

미국의 독립 100주년을 기념하기 위해 프랑스가 기증한 자유의 여신상

⬆ 렉싱턴 전투

병사들과 쉼없는 전투를 벌였습니다. 숫적으로도 열세였지만 워싱턴은 지칠 줄 모르는 끈기와 탁월한 지도력으로 곳곳에서 승리를 이끌어 냈습니다.

그러는 사이 토머스 제퍼슨은 독립선언서를 썼습니다. 벤자민 플랭클린과 존 애덤스가 그 옆에서 도왔습니다.

**우리는 다음과 같은 우리의 생각이 명백한 진리임을 믿는다. 즉 모든 인간은 평등하게 창조되었으며, 사람은 누구나 조물주로부터 자신의 생명과 자유와 행복을 추구할 천부의 권리를 물려받았다.**

이렇게 시작되는 미국의 독립선언서는 식민지 주민들의 큰 호응을 받았습니다. 식민지 주민 대표 56명이 독립선언서에 서명을 하고, 죽기를 각오하고 독립전쟁을 벌여 나가기로 맹세했습니다.

그러나 싸움은 쉽지 않았습니다. 벤자민 플랭클린이 프랑스로 건너가 구원병을 보내 줄 것을 요청했지만 거절당하고 말았습니다.

조지 워싱턴

미국의 독립선언

"우리 프랑스가 지원군을 보내 주면 영국이 가만히 있지 않을 것이오. 우리는 영국과 전쟁을 벌일 수는 없소."

결국 독립혁명군은 혼자의 힘으로 막강한 영국 군대와 싸움을 벌여야 했습니다.

"우리에겐 무기도 없고, 병사도 없습니다. 그러나 우리에게는 반드시 독립을 해야 한다는 의지가 있습니다. 그리고 자유를 쟁취해야 하는 사명이 있습니다. 용기를 냅시다. 우리는 반드시 승리할 것입니다."

독립혁명군의 지도자들은 식민지 주민들에게 외쳤습니다. 그리고 스스로 앞에 나가 싸웠습니다.

많은 식민지 주민들이 목숨을 잃었습니다. 그러나 그럴수록 그들의 독립에 대한 의지는 높아갔습니다.

그럴 즈음, 독립혁명군은 뜻밖의 도움을 받게 되었습니다. 다름 아닌 프랑스의 국왕이 뒤늦게 원군을 보내온 것이었습니다. 독립혁명군의 투지와 용기가 가상하게 여겨졌던 것입니다.

이윽고 1781년 10월, 조지 워싱턴이 이끄는 독립혁명군은 프랑스의 지원군과 합세하여 요크타운에서 영국군과 맞섰습니다. 두 군대간에 긴장감이 감돌았습니다.

"식민지 시민 여러분! 우리에게 독립의 기회가 왔습니다. 저들을 물리치면 우리에게는 자유가 주어집니다. 용감히 나서서 싸웁시다!"

워싱턴의 외침에 혁명군과 지원군은 용기를 내어 영국군과 맞섰습니다. 여전히 영국군이 우세했지만, 독립혁명군은 물러서지 않았습니다. 동료의 시신을 끌어안고 오로지 자유를 얻기 위해 영국군과 대항했습니다.

결국 승리는 혁명군에게 돌아갔습니다. 독립선언이 있은 지 꼭 6년 만의 일이었습니다. 이제 미국은 완전한 독립을 얻은 것이었습니다.

끝내 영국도 미국의 독립을 인정해야 했습니다.

곧 조지 워싱턴과 벤자민 플랭클린, 그리고

**타운센드법**

1767년 영국 의회가 제정한 법률인 타운센드법은 보스턴 차 사건의 원인이 된 법률이기도 합니다. 타운센드법은 종이와 유리, 차에 관한 수입세 신설 등을 그 내용으로 하고 있었으나 식민지의 반대로 차에 관한 관세 외에는 철폐되었습니다. 그러나 차에 관한 관세도 계속 반대하던 아메리카와 이를 시행하려던 영국의 의견이 계속 맞부딪혔습니다.

조지 워싱턴 동상

주민 대표가 모여 헌법을 제정했습니다. 그리고 거대한 미국의 땅을 13개 주로 나누었습니다.

이어 조지 워싱턴은 미국의 초대 대통령이 되었습니다. 새로운 나라 미국의 역사가 시작되는 순간이었습니다.

## 남북전쟁과 에이브러햄 링컨

아메리카 식민지의 초기에는 일손이 많이 부족했습니다. 특히 이 무렵 성행하던 담배 재배업에는 많은 노동력이 필요했습니다. 게다가 남부 지역에서는 면화를 재배하기 시작했는데, 이 또한 무척 많은 일손이 필요한 일이었습니다. 그 때문에 남부 지역 사람들은 말 잘 듣는 일꾼들을 필요로 하게 되었습니다.

그러던 중 1619년에 네덜란드 상선이 흑인 노예 20여 명을 이끌고 상륙했습니다. 이들은 주인의 명령에 절대 복종했고, 일도 잘 했습니다. 곧 미국의 남부 사람들은 노예가 절실함을 깨달았습니다. 그들은 이윽고 노예 제도를 확대해 나가기 시작했습니다.

그러나 백인들은 흑인 노예를 혹독하게 다루어 부작용이 많았습니다. 노예들이 반란을 일으켜 백인들을 죽이기도

독립선언서를 기초한 토마스 제퍼슨

하고, 그러면 백인들은 흑인 노예들에게 보복을 하는 식이었습니다. 물론 그런 과정 속에서 흑인 노예들은 더더욱 비인간적인 대우를 받게 되었습니다.

이런 현실 속에서 북부를 중심으로 노예 제도 폐지 운동이 불붙기 시작했습니다. 이 무렵 윌리엄 로이드 개리슨이라는 사람은 〈해방자〉라는 주간지를 발행했습니다.

"남부의 노예 제도는 반드시 폐지되어야 합니다."

'혼자만의 힘으로는 부족하다. 뜻을 하나로 모아야겠어.'

그는 이듬해, 뜻을 같이 하는 사람들과 함께 '뉴잉글랜드 노예 제도 반대 협회'를 조직했습니다.

"사람은 모두가 평등합니다. 그런데 지금 남부의 노예들은 비인간적인 환경 속에 고통받고 있는 상태입니다."

"우리의 뜻과 함께 해 주십시오."

그들은 북부와 서부의 도시나 농촌을 돌아다니며 많은 지지자들을 구하는 데에 힘썼습니다.

노예매매를 했던 17세기의 네덜란드 상선 (암스테르담 국립미술관)

**미국의 노예제**

노예는 인간으로서의 인격이 무시되고 권리와 자유가 부여되지 않으며 한 개인에게 소속된 재산을 뜻했습니다. 노예제는 오랜 옛날부터 있어 왔는데 특히 아메리카 식민지의 노예는 식민지 농업 발달로 인해 노예 수요가 높아지면서 급속도로 증가했습니다. 안정적인 노동력 공급을 위해 아프리카 흑인 노예들을 사고 파는 노예상들이 번성하였고 흑인 노예들은 고난의 시기를 겪었습니다. 이후 계몽주의와 자유주의의 영향으로 노예제에 대한 비난이 일어났고 결국 남북전쟁 중이었던 1863년, 노예 해방 선언으로써 실질적인 노예제는 폐지되었습니다.

**미주리협정**

1820년 미국은 자유주와 노예주가 각각 11개씩이었습니다. 이에 미주리주가 노예주가 된다면 남측의 세력이 힘을 얻을 수 있었기 때문에 메인주를 매사추세츠에서 분리하여 자유주로, 미주리를 노예주로 하기로 타협을 했습니다. 이 법은 1857년 폐기되었고 이것은 이후 남북전쟁의 시발점이 되었습니다.

"연방 정부에 노예 제도를 폐지할 것을 청원합시다."

이들은 노예 제도를 폐지하는 데 모든 노력을 기울였습니다. 그리고 이러한 소식은 남부에도 전해졌습니다.

"북부의 소식을 들었소? 글쎄 노예 제도 폐지 운동을 벌이고 있다고 합니다. 우리 남부의 노예들이 다른 마음을 먹지 않도록 단단히 감시해야겠어요."

"우편물도 철저히 검열해야겠습니다."

남부의 노예주들은 그들의 운동을 막기 시작했습니다. 과격한 사람들은 반대자들을 폭행하기도 했습니다.

"저기 저 사람이 개리슨 맞아?"

"맞아. 확실해. 노예는 우리의 재산이나 마찬가지인데 왜 우리 일에 훼방을 놓는 거야?"

"혼 좀 나 봐라."

이 운동의 주창자인 개리슨은 두들겨 맞아 죽을 고비도 몇 번이나 넘겼습니다. 그러나 남부 사람들의 이러한 반대에도 불구하고 이 운동은 날이 갈수록 활발해졌습니다.

"나도 노예 제도 폐지에 찬성이야."

"맞아. 그들의 얘기를 들으면 마음이 너무 아파."

1840년에 이르자 지방의 운동 지부가 2천 개, 정식 회원이

20만 명이나 되었습니다. 이 노예 제도 반대는 운동으로 그치지 않고 정치에까지 문제화되기 시작했습니다.

"드디어 본격적인 대응을 할 수 있겠군요."

그러던 중, 남부와 북부의 대표들이 정면으로 부딪힌 일이 있었습니다.

"남서부에 노예 제도를 당연히 허용해야지요."

"지금 노예 해방에 많은 사람들의 뜻이 모아지고 있어요. 그런데 노예 제도 허용이라니요?"

합중국에 새로 병합된 남서부에 노예 제도를 허용하느냐 하지 않느냐 하는 문제였습니다.

"우리는 윌모트 조항을 의회에 제출하겠습니다."

"그 조항이 뭐지요?"

"그 어떤 새로운 영토에도 노예 제도를 실시하지 못한다는 내용이지요."

이 조항의 제출로 남북의 관계는 더욱 나빠졌습니다. 더욱이 공화당과 민주당 내부에서도 노예제에 대한 찬성파와 반대파가 생겨났습니다.

날이 갈수록 여러 면에서 남부는 불리해져 갔습니다.

"북부 쪽은 우리의 사정을 전혀 고려하지 않은 채 우리를 몰아붙이고 있어요."

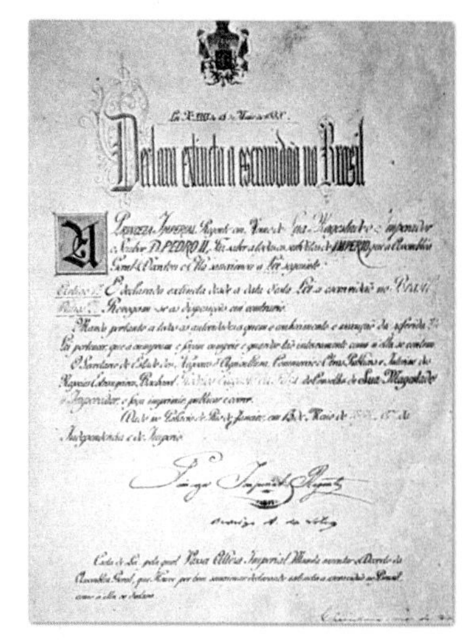
Declara extincta a escravidão no Brasil

링컨보다 20년 앞선 브라질 황제의 노예 폐지 칙령

**국민의, 국민에 의한, 국민을 위한 정부**

"국민의, 국민에 의한, 국민을 위한 정부는 이 땅에서 영원히 사라지지 않을 것이다."라는 말은 1863년 링컨이 게티즈버그에서 한 연설 중 너무나 유명하게 알려진 부분입니다. 여기서 '국민의'는 국민이 주권을 가졌다는 의미를, '국민에 의한'은 국민의 자치를, '국민을 위한'은 국민의 복지를 뜻하는 것이랍니다.

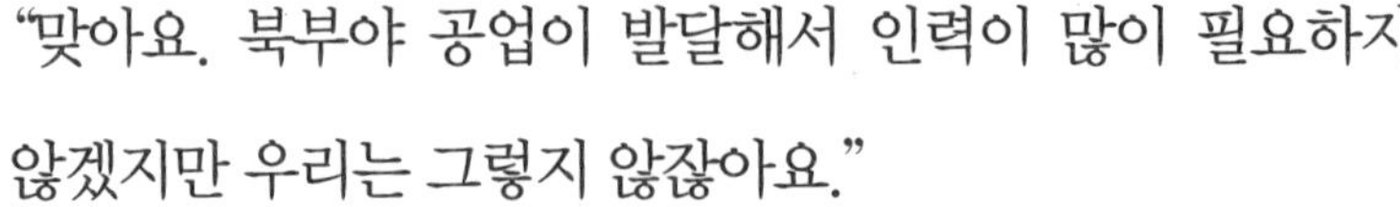

"맞아요. 북부야 공업이 발달해서 인력이 많이 필요하지 않겠지만 우리는 그렇지 않잖아요."

"우리 면화 재배는 아무리 노예를 데려다 써도 생산성이 낮아. 그런데 노예까지 못 쓰게 하면 어떻게 살라는 거야."

당시 북부는 공업으로, 서부는 밀농사로 좋은 경기를 유지하고 있었습니다. 반면 남부는 사정이 달라서 노예들의 수가 많더라도 생산성은 매우 낮았습니다. 또한 한 가지 작물만 다루어 왔기 때문에, 땅은 갈수록 메말라 갔습니다.

'여러 가지 면에서 남부가 불리해지고 있어.'

남부 사람들의 불안은 점차 노골적이 되었습니다. 그들은 잔인한 폭력으로 그 불안을 드러냈습니다.

"너희 같은 노예들 때문에 왜 우리가 이런 골치 아픈 일을 겪어야 하지?"

"주인님, 제발 용서해 주세요."

윌리엄 클라크 칸트릴이라는 남부 사람은 북부파를 지지하는 사람을 살해하기도 했습니다. 수백 채의 집에 불을 지르고 주민 1백 50명의 목숨을 빼앗았습니다.

이러한 사건들이 자주 일어나면서 사회는 혼란에 빠졌습니다. 이런 상황에서 미국의 대통령 중 가장 위대한 대통령인 에이브러햄 링컨이 나타났습니다.

링컨

링컨은 켄터키주의 외딴 마을에서 태어나 독학을 한 근면 성실한 사람이었습니다.

"링컨만큼 성실한 청년은 태어나서 보질 못했네."

"맞아, 일도 잘 하고 게다가 똑똑하기까지 해."

링컨은 1846년에 연방 하원의원을 지냈습니다. 그리고 1854년 초까지 변호사 생활을 하다가 뜻을 품고 다시 정치계에 뛰어들었습니다.

'지금 사회는 너무 혼란스러워. 남북의 문제가 빨리 해결되어야 할 텐데…….'

그는 국민들에게 말했습니다.

"조각난 집은 서 있지 못합니다. 미합중국은 절반은 노예 지지자로, 절반은 반대자로 갈라져 있습니다. 제가 바라는 것은 오직 하나입니다. 이 합중국이 더 이상 두 조각으로 나뉘어 싸우지 말아야겠다는 것입니다."

링컨은 1858년에는 상원의원에 출마했습니다.

"상대가 너무 벅찬 것 같은데 승산이 있을까요?"

"괜찮습니다. 전 저의 의견을 국민들에게 전할 수 있는 것만으로도 충분해요."

그 해, 링컨은 상원의원 선거에서 떨어졌습니다. 그러나 국민들의 기억 속에는 뚜렷이 남게 되었습니다.

남북전쟁 당시 연방 정부군의 모습

"별로 유명하진 않지만 난 링컨의 생각이 마음에 들어."

링컨은 노예 편에 서서 싸웠습니다. 하지만 이 당시만 해도 노예제야 어찌 됐든 하나의 뜻으로 뭉친 강한 연방을 만들어야 한다는 생각뿐이었습니다. 그리고 1862년, 드디어 링컨은 제16대 미국 대통령에 당선되었습니다.

'남부와 북부가 이렇게 계속 대립한다면, 남부는 따로 정부를 구성할 수도 있다.'

그는 이것을 염려하였습니다. 그리고 그의 걱정대로 사건이 터지고 말았습니다.

"노예 제도를 인정하지 않는 대통령 따위는 필요 없어. 우리는 그를 대통령으로 인정하지 않겠어."

얼마 지나지 않아 링컨에게 소식이 전해졌습니다.

"남부의 7개 주가 연방에서 탈퇴했습니다. 그리고 제퍼슨 데이비스를 대통령으로 내세웠습니다."

"결국 우려하던 일이 벌어지고 말았구나."

그러던 중, 찰스턴 항에 있는 섬터 요새를 남부의 군대가 공격해 왔습니다.

"남부 쪽에서 요새에 포격을 가했다고 합니다. 요새에서 증원군 2만 명과 식량을 보내 달라는 전갈이 왔습니다."

'전쟁을 피할 수는 없을까?'

평화를 바라던 링컨의 마음은 무겁기만 했습니다.

"요새에 식량과 병력을 보내실 겁니까? 그 곳은 남부의 공격권 안에 있어서 위험합니다."

"하지만 요새를 포기하면 연방 정부의 위신이 떨어집니다. 지금의 공화당이 무너질 위험도 있습니다. 대통령께서는 어떻게 생각하십니까?"

증원군을 보낸다면, 남부군과 연방 정부군 사이의 싸움을 피할 수 없었습니다. 그렇게 된다면 북부가 먼저 싸움을 걸었다는 비난 또한 면치 못할 것이 뻔한 상황이었지요. 이러지도 저러지도 못하는 어려움에 빠져 있을 때, 링컨이 단호하게 말했습니다.

**남북전쟁의 결과**

1861년부터 1865년까지 벌어진 남북전쟁으로 남과 북은 서로 큰 피해를 입었습니다. 특히 농업이 큰 수익원이던 남부는 전쟁에서 패배함으로써 농업에 필수적이던 노예를 쓰지 못하게 되었고 땅도 황폐화되어 타격을 입었습니다. 이에 공업이 발달했던 북부보다 낙후된 입장에 놓이게 되었습니다. 현재까지도 남부와 북부는 그 정치적 견해의 차이를 보이고 있으나 남북전쟁으로 인해 국가적 단결을 이루었다는 견해도 있습니다.

링컨 기념관 입구의 링컨 동상

**섬터 요새**

"어느 한 곳에서 물러나면 결국 다른 데서도 물러날 것이다."

4월 6일, 그는 섬터 요새로 증원군은 보내지 않고 식량만을 보냈습니다. 그리고 그 곳의 수비 대장에게 다음과 같은 편지를 썼습니다.

섬터 요새에는 식량만을 보낼 생각이다. 이 식량 보급이 남부군에 의해 아무런 방해를 받지 않는 한, 사전 통과 없이 병력이나 무기를 보내지 않을 것이다.

**그랜트 장군과 리 장군**

그랜트 장군은 남북전쟁 때 북군 총사령관으로서 큰 활약을 펼쳤고 남군 사령관이었던 리 장군을 항복시켜 남북전쟁을 북군의 승리로 이끈 주역으로 유명합니다. 훗날 대통령으로 당선되었으나 큰 주목을 받지 못했습니다. 한편 리 장군은 남북전쟁 발발 후 남군 사령관으로써 활약하다가 패전 후 교육자 생활을 하여 높은 명성을 얻었습니다.

링컨은 남북의 전쟁을 피하려고 이렇게 노력했습니다.

그러나 이 노력은 빛이 바래고 말았습니다.

"남부군이 섬터 요새에 다시 포격을 가했습니다."

"우리의 노력을 헛되게 만드는구나. 우리 북부에서도 전쟁을 시작한다."

이렇게 남북전쟁이 시작되었습니다. 자원과 인구 면에서 북부는 남부보다 월등히 우세했습니다. 남부의 인구가 9백만인데 북부는 2천 2백만 명이었고 남부에는 언제 적으로 돌변할지 모를 흑인 노예가 4백만 명이나 있었습니다.

"우리 북군이 훨씬 유리한 상황이야. 어서 이 전쟁을

마무리짓자고."

북부는 무기, 탄약, 의료품 등을 충분히 공급할 수 있었습니다. 이에 비해 남군은 이러한 군수 물자들을 외국에서 사 와야만 했지요.

그러던 어느 날, 북군의 명장 그랜트가 군대를 이끌고 미시시피 강을 따라 남부의 심장부로 뛰어들어갔습니다. 곧 이어 1863년 7월, 미시시피 강 전역이 북부의 손에 들어오게 되었습니다.

이제 남부는 두 토막으로 갈라지고 말았습니다.

"동부쪽에서도 우리 북군이 이기고 있다는 소식입니다."

"이 전쟁은 반드시 승리해야 합니다. 그렇지 않으면 남과 북으로 두 동강날 수 있으니까요."

쫓기던 남군은 결국 1865년 4월 9일, 버지니아의 애퍼매턱스에서 항복을 했습니다.

"드디어 전쟁이 끝났다."

"우리의 링컨 대통령은 너무 훌륭해."

전쟁과 끝남과 동시에 남과 북은 하나가 되었습니다. 이는 인간의 자유와 평등을 소중히 여겼던 미국인들의 마음의 승리였습니다.

⬆ 북부군의 명장 그랜트 장군<위>과 남부군의 명장 리 장군<아래>

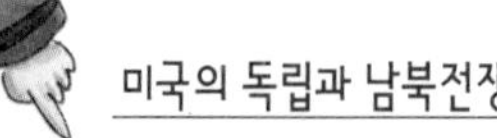



# 저기요, 선생님! 이런게 궁금해요

## 흑인들은 모두 노예였나요?

아메리카 식민 초기에는 흑인이라고 해서 모두 노예는 아니었습니다. 흑인 노예 제도가 법적으로 인정된 것은 1661년이었습니다.

초기 식민 시절에는 한 세대가 지난 후부터 담배 재배업이 성행했습니다. 할 일은 많은데 일손이 부족했지요. 이 때 영국에서는 신대륙으로 건너가 살려는 사람들이 자꾸 늘어가고 있었습니다. 이들 중에는 중산층의 사람들도 있었습니다. 이들 중에는 뱃삯이 없어서 갈 수 없는 사람들이 많았지요. 그래서 이들은 먼저 자신이 신대륙으로 건너가 일할 회사나 경영주와 계약을 했습니다. 1년이면 1년, 2년이면 2년씩 계약을 한 후 뱃삯을 받아 건너갔습니다. 백인도 있었고, 흑인도 있었으며, 여자들도 많았습니다.

노예매매 장면

## 어떻게 값싼 일손을 구하지?

흑인 노예법이 만들어진 지 22년이 지난 1683년, 흑인 노예 제도는 점차 본격화되었습니다. 그것은 1681년, 중부 지방에 펜실베이니아라는 곳이 생기자 남부를 떠나는 사람들이 많아졌기 때문이었습니다. 그러므로 자연히 남부 지방에서는 일손이 딸리게 되었습니다. 이 때부터 이 곳에서는 일손을 영원히 묶어 두기 위한 흑인 노예 제도를 확대시켜 나갔던 것입니다. 백인들은 노예가 도망가지 못하도록 사슬로 묶어 두었습니다. 감시 또한 심하게 하였지요. 이렇게 확대된 노예 제도는 1820년에 극에 이르렀습니다. 당시 영국은 면화 재배에 손을 대기 시작했고, 값싼 흑인 노예들의 노동력은 농장주들에게 가장 달가운 것이었습니다. 그 당시 남부 인구 중 약 40퍼센트가 흑인 노예였다고 합니다.

## 흑인 노예들의 슬픔

노예를 다루는 데 있어서, 남부 사람들은 유난히 혹독했습니다. 마치 짐승 다루듯이 하기가 예사였지요. 심지어는 가난뱅이 백인들까지 일할 생각은 않고 노예 장사로 돈을 벌려고 했습니다.

이들 흑인 노예들은 가혹한 지배를 받으면서 대부분 죽어 갔습니다. 그 중에는 달아나는 노예들도 있었습니다. 1829년, 지독한 대우에 불만을 품었던 나트 터너란 흑인 노예가 반란을 일으켰습니다. 반란군은 백인들을 습격해 61명을 살해했습니다. 그러자 백인들이 가만히 있지 않았습니다. 백인들은 죽은 61명의 두 배가 되는 1백 20명의 흑인을 무차별하게 죽였습니다. 그 후, 노예들의 탈주와 반란은 끊임없이 계속되었고, 백인들은 더욱더 지독해져 갔습니다.

⬆ 노예 제도 폐지 포스터 속의 흑인 노예(1803년대)

## 노예 제도를 반대하는 사람도 있었어요

해리엇 비처 스토라는 부인은 신문에 노예 제도를 반대하는 소설을 1년간 연재했습니다. 바로 「톰 아저씨의 오두막」이라는 소설이었지요. 노예 제도를 반대하던 스토 부인의 이 글은, 그 당시 많은 사람들을 감동시켰습니다. 이 글을 읽는 사람들은 흑인 노예 제도가 얼마나 나쁜 것인가를 알게 되었습니다. 특히 북부 사람들은 남부의 노예들을 동정하기 시작했습니다.

⬆ 남북전쟁에 연방 정부군으로 참전한 노예 병사들

필라델피아에서는 '지하 철도 운동'이 생겼습니다. 이 운동은 도망친 흑인 노예가 북부나 서부, 또는 캐나다로 가서 자유롭게 살도록 보살펴 주는 것이었습니다.

비밀리에 전개된 이 운동은 널리 퍼지기 시작했습니다. 이제 이 운동은 노예들이 남부에서 탈출할 수 있는 기회를 만들어 주기까지 했습니다.

# 아편전쟁과 동아시아의 변화

청의 쇄국 정책으로 골머리를 앓던 영국은 청에 아편을 판매하기 시작하였고 이에 청나라는 병들어가기 시작했습니다. 청은 무력으로 영국 상인에게서 아편을 빼앗았고 이로 인해 아편전쟁이 일어났습니다. 결국 청이 패배함으로써 봉건사회가 무너지고 동아시아를 서양 열강들이 잠식하게 되었습니다. 이 즈음 메이지유신으로 근대사회의 기초를 닦은 일본은 군국주의 국가로 거듭나고 있었습니다.

**백련교도의 난**

백련교는 미륵불이 지상으로 내려와 극락세계를 세운다는 내용을 다루는 종교입니다. 명과 청 시대에는 백련교를 금지시키기도 했는데 이는 백련교가 비밀결사로써 많은 반란의 밑바탕에 있었기 때문이었습니다. 1775년 청나라 때의 백련교도의 난은 청 정부가 백련교 교주를 처형하면서 불거졌습니다. 각지에서 반란을 일으킨 백련교도들은 청나라 군을 압도했으나 점차 진압되었고 청은 이 난으로 심각한 재정난을 겪게 되었습니다.

여진족이 세운 청나라는 이전의 그 어떤 왕조보다 안정적이고 효율적으로 중국 땅을 다스렸습니다. 황제를 중심으로 한 강력한 중앙집권 통치와 막강한 군사력으로 청나라는 이민족으로서 가장 오랜 기간 동안 중국 땅의 주인으로 군림했습니다.

그들은 만주를 포함해 타이완과 몽고 티베트까지의 영토를 확보했고, 한족은 물론 몽고족과 위구르족, 티베트족을 지배했습니다. 청의 농업과 수공업의 발달은 곧이어 상업의 발달을 가져왔고, 특히 16세기부터 18세기에 이르는 동안 유럽과의 교역이 늘어나면서 청나라는 더욱 부강한 나라가 되었습니다.

그러나 18세기에 접어들면서 청나라는 조금씩 흔들리기 시작했습니다. 무엇보다 오랫동안의 평화가 이들을 나태하게 만들었기 때문이었습니다.

황제는 권력을 한손에 쥔 채 더 이상 생산적인 사업을 벌이지 않았고, 그런 틈을 타서 부패한 관리들은 사리사욕을 채우기에 바빴습니다.

여기에 더하여 한족까지 반란을 일으켰습니다.

"만주족을 몰아 내자! 어찌 한족이 만주족의 지배를 받는단 말인가?"

"한족의 자존심을 세워라!"

실제로 청나라 백성들의 대부분이 한족이었고, 지배자인 여진족은 1퍼센트가 겨우 넘는 정도였습니다. 특히 백련교도의 난은 일 년 동안이나 지속되어 그렇지 않아도 불안하던 청나라 왕실을 더욱 흔들어 놓았습니다.

아시아를 주름잡았던 동인도회사의 문장

이 무렵, 프랑스와의 전쟁을 통해 인도의 교역권까지 한손에 넣은 영국이 청과의 교역을 확대하기 위해 기회를 노리고 있었습니다. 무엇보다 그들은 청나라에서 많은 이익을 얻고 싶어했습니다.

"그 동안 우리 영국은 청나라에 모직물과 인도에서 생산한 면직물을 수출하고, 도자기와 비단을 수입했습니다. 그런데 갈수록 무역적자가 늘고 있습니다. 이를 해결하기 위한 좋은 방법이 없겠습니까?"

"당연한 일입니다. 청나라는 광저우 지방에서만 무역을

영국이 청나라로부터 수입한 도자기

**광저우**

한자음으로는 광주라고 하며 중국 광둥성의 행정, 경제, 문화의 중심지로 무역도시로도 이름 높은 곳입니다. 한나라 때부터 외국과의 무역을 시작해 송나라 때에는 아라비아까지 교역하였으며 청나라 시대에는 유럽으로 교역을 확대했습니다. 아편전쟁이 일어난 후 상하이에 밀려 쇠퇴했던 광저우였지만 이후 혁명의 중심지로 다시 유명해졌습니다.

할 수 있도록 허가하고 있는데, 광저우는 따뜻한 지방이어서 모직물이 많이 팔리지 않습니다. 청으로부터 다른 항구도 개방해 달라고 요구해야 합니다. 더구나 면직물은 청에서도 많이 생산되고 있지 않습니까?"

반대로 영국에서는 차 문화가 급속도로 퍼지면서 청으로부터의 도자기와 차의 수입이 급증하고 있었습니다.

영국의 관리들과 상인들은 불평이 더욱 심했습니다. 그들은 어떤 식으로든 무역 적자가 개선되어야 한다고 목소리를 높였습니다.

그러던 어느 날, 영국의 상인들은 자국의 관리에게 아주 극단적인 방법을 요구했습니다.

"중국에 아편을 팔게 해 주십시오."

아편은 영국에서도 금지하고 있는 것이었지만, 상인들은 이익을 내기 위해서는 청나라에 아편을 파는 방법밖에는 없다고 생각했습니다.

🅞 마약 상점(상상도)

영국의 관리들은 한참을 고민하다가 결국은 허락을 하고 말았습니다. 그들에게는 마약중독이라는 무서운 질병보다는 돈을 버는 것이 더 중요했기 때문이었습니다.

이윽고 영국의 상인들은 인도에서 아편을 대량으로 재배했습니다. 그리고 그것을 청나라에 밀수출하기 시작했습니다.

그런 탓에 청나라는 하루가 다르게 병들어 갔습니다. 길거리에서도 아편을 하는 사람이 넘쳐났고, 아편 판매소가 서너 집 건너에 한 집이 있을 정도로 많아졌습니다. 위로는 노인에서부터 아래로는 아이들까지 아편에 손을 댔습니다. 이렇게 아편에 빠진 청나라 사람들은 일을 하지 않았고, 범죄가 급속도로 증가했습니다.

그러나 정말 큰 문제는 화폐로 사용되던 은이 씨가 마르기 시작했다는 것이었습니다. 이 때, 중국인들은 아편을 사들이기 위해 은을 대가로 지불했는데, 그래서 은값이 껑충 뛰었던 것입니다. 이 때문에 은으로 세금을 내야 하는 백성들의 부담이 커졌고, 경제는 큰 혼란을 일으켰습니다.

"아편의 판매를 금지한다. 이 시간 이후로 아편을 팔거나

🅞 청나라 말기의 군사

사는 자는 엄벌에 처할 것이다!"

청나라 조정에서는 명령을 내려 아편을 금지시키고 임칙서를 책임자로 하여 광저우로 내려보냈습니다. 임칙서는 청나라 조정에서도 그 누구보다 아편을 가장 강력하게 반대하던 사람이었습니다.

그러던 어느 날, 광저우를 면밀히 감시하던 임칙서는 마약을 밀수출하려던 영국의 상선을 발견했습니다. 그리고는 아편을 모두 몰수해 불태워 버렸습니다.

그러나 이 일로 영국은 강력하게 항의했습니다.

"청나라 정부는 압수한 아편을 돌려주시오. 그렇지 않으면 전쟁도 불사할 것이오."

결국 영국은 이 일을 빌미삼아 1840년에 전쟁을 일으켰습니다. 바로 아편전쟁이었습니다. 영국은 발달한 무기와 막강한 해군력을 이끌고 텐진에 집결했습니다.

영국군은 앞선 무기로 오래지 않아 텐진을 점령했습니다. 그리고 곧바로 청나라의 수도인 베이징을 공격할 태세를 갖추었습니다. 그리고 청나라에 요구했습니다.

"청나라는 영국 상인들이 자유롭게 무역을 할 수 있는 권리를 보장하고, 무역항을 광저우를 포함해 다섯 곳으로 늘리시오. 또한 청나라 내의 영국인에 대해 치외법권을 인정 하시오. 그렇지 않으면 베이징을 공격할 것이오."

청나라는 하는 수 없이 이 내용들을 다룬 난징조약을 맺고 영국의 요구를 수용해야 했습니다.

이제 청나라에는 영국의 공산품이 물밀듯이 쏟아져 들어 왔고, 이런 현상은 청나라 백성들의 삶을 더더욱 어렵게 만들었습니다.

무엇보다 청 왕조는 전쟁 패배 후의 배상금을 농민에게 세금을 거두어 치르려 했기에 반발이 만만치 않았습니다. 결국 '상제회' 라는 종교 조직이 반란을 일으켰습니다. 이들은 순식간에 강남 지방을 점령하고 난징(남경)을 함락했습니다. 그리고 이 곳을 도읍으로 하여 '태평천국' 이라 했습니다. 물론 오래지 않아 태평천국의 난은 진압되었지만 이 난은 그만큼 청 왕조가 예전 같지 않다는 것을 증명해 주는 사건이었습니다.

**치외법권**

외국인은 지금 현재 머무르는 국가의 법에 복종해야 하지만 어떤 특별한 외국인은 이 법으로부터 면제될 권리를 갖습니다. 치외법권의 가장 대표적인 예가 외교특권인데 국가원수나 영사가 이에 속합니다. 외교특권을 가진 이는 형사·민사 재판으로부터 면제, 조세 면제, 강제처분의 면제 특권을 가집니다.

아편전쟁 때의 모습

**메이지유신**

명치유신이라고도 하며 19세기 후반 일본에서 막부체제가 무너지고 왕정이 들어서게 된 과정을 가리킵니다. 1853년 미국의 페리 제독이 일본을 방문한 이후 일본은 미국 및 유럽의 나라들과 통상조약을 체결했는데 일련의 조약 체결이 막부의 독단임에 반발한 반막부세력들이 왕정복고를 이루어 냈습니다. 이렇게 이루어진 메이지 정부는 근대적 통일 국가를 형성하였으나 제국주의를 부추겨 청·일전쟁 및 한국 병합, 제2차 세계대전 등 전쟁의 연속을 가져왔습니다.

여기에 더하여 아편전쟁의 추이를 지켜본 미국과 프랑스, 그리고 벨기에와 같은 다른 서양의 나라들도 영국과 똑같은 조건으로 청과 무역을 할 수 있게 해 달라고 요구하고 나섰습니다.

청나라는 이들의 요구를 들어주지 않을 수 없었고, 청나라를 중심으로 짜여져 있던 동아시아의 질서는 서양 열강의 손에 놓이게 되었습니다. 특히 몇 년 후에 벌어진 2차 아편전쟁을 통하여 영국은 베이징조약을 맺어 중국의 10개의 항구를 새로 열었고, 기독교를 공인하게 했으며, 외국의 공사들이 베이징에 주재할 수 있는 권리를 얻었습니다. 이런 청나라의 몰락은 아시아의 다른 나라들에도 그대로 재현되었습니다.

조선 이외에는 세계로 나가는 문을 200년 이상이나 꼭꼭 걸어닫고 있던 일본을 개방시킨 것은 미국의 페리 제독이었습니다. 1853년, 미국 함대 사령관 페리가 일본에 접근해 개항을 요구했을 때 일본 조정은 강력히 반발하였습니다.

남경으로 입성하는 태평천국군

러 · 일전쟁

"서구 세력을 물리쳐야 합니다."

"아니오. 이웃 청나라를 보지 않았소? 우리 힘만으로는 서구의 세력을 물리칠 수 없소이다!"

일본 조정에서는 이런 식의 싸움이 잦았습니다.

그러나 끝내는 개항하자는 의견이 더 많았고, 일본은 이듬해 페리 제독에게 2개의 항구를 개항했습니다. 이어 러시아, 영국과도 비슷한 조약을 맺었습니다.

일본은 이를 바탕으로 빠르게 근대적 개혁을 시도했습니다. 서구의 제도를 도입하고, 무기와 군대도 서구식으로 무장했습니다. 물론 이런 발빠른 개혁에는 백성들의 의견은 반영되지 않았고, 거의 강제적이었습니다. 그 때문에 일본은 서구적 방식의 개혁과 동시에 전체주의적 국가가 될 수밖에 없었습니다.

그러나 이 같은 힘을 바탕으로 일본은 여전히 문을 닫고 있는 조선을 침략하고, 청나라와의 전쟁에서도 승리함으로써 동아시아의 새로운 맹주로 부상하게 되었습니다.

**청 · 일전쟁**

청나라와 일본이 조선의 지배권을 놓고 다툰 전쟁이며 1894년~1895년 사이에 일어났습니다. 1876년 강화도조약, 1882년 제물포조약 등 조선과 불평등조약을 계속 맺어오던 일본은 청과 조선의 미묘해진 관계를 이용하여 조선 정부를 억압하는 한편 청과 전쟁을 일으켰습니다. 이 전쟁에서 패배한 청은 일본과 시모노세키조약을 맺었습니다.

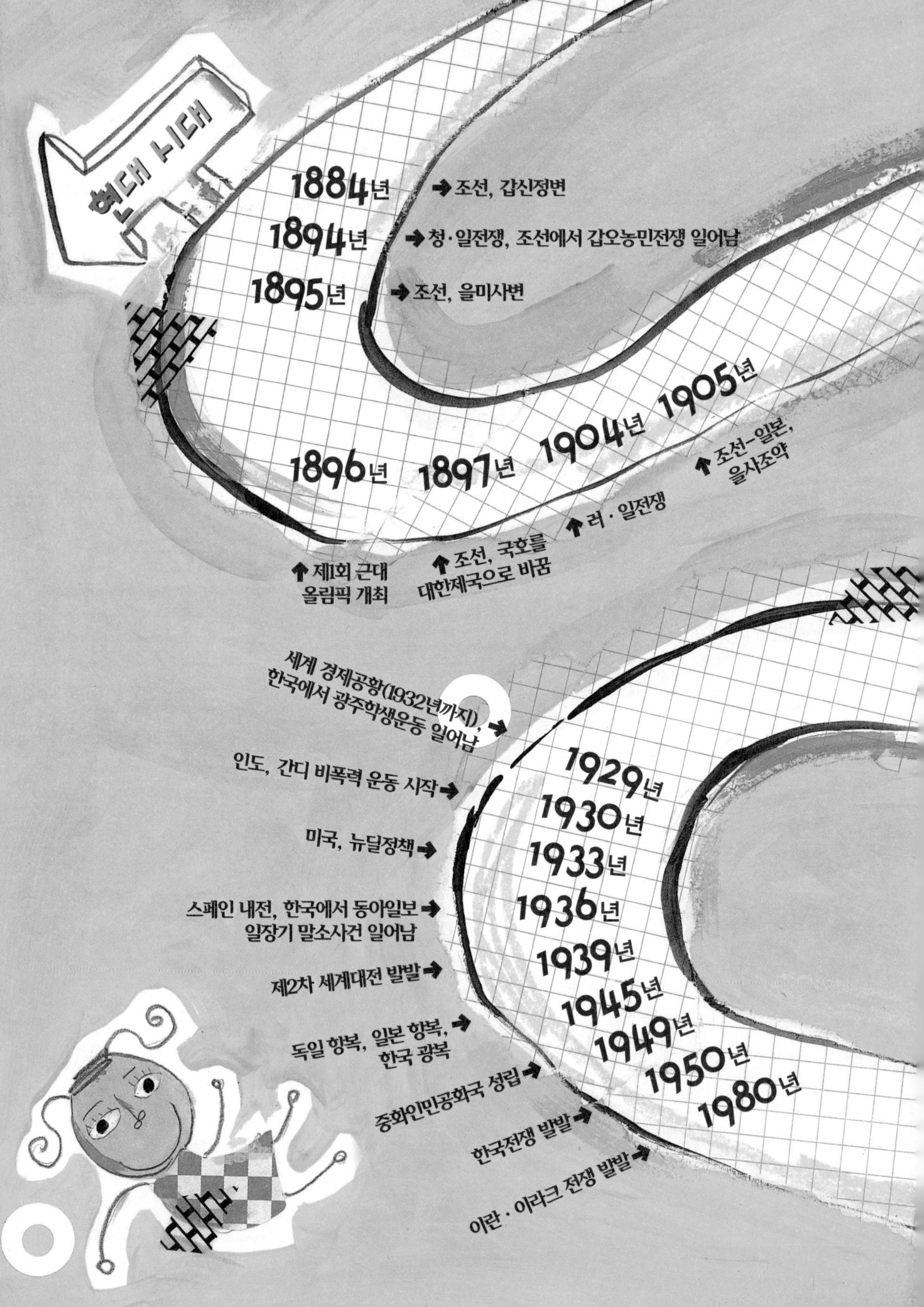

현대 시대
1884년 → 조선, 갑신정변
1894년 → 청·일전쟁, 조선에서 갑오농민전쟁 일어남
1895년 → 조선, 을미사변
1896년 ↑ 제1회 근대 올림픽 개최
1897년 ↑ 조선, 국호를 대한제국으로 바꿈
1904년 ↑ 러·일전쟁
1905년 ↑ 조선-일본, 을사조약
1929년 세계 경제공황(1932년까지), 한국에서 광주학생운동 일어남
1930년 인도, 간디 비폭력 운동 시작
1933년 미국, 뉴딜정책
1936년 스페인 내전, 한국에서 동아일보 일장기 말소사건 일어남
1939년 제2차 세계대전 발발
1945년 독일 항복, 일본 항복, 한국 광복
1949년 중화인민공화국 성립
1950년 한국전쟁 발발
1980년 이란·이라크 전쟁 발발

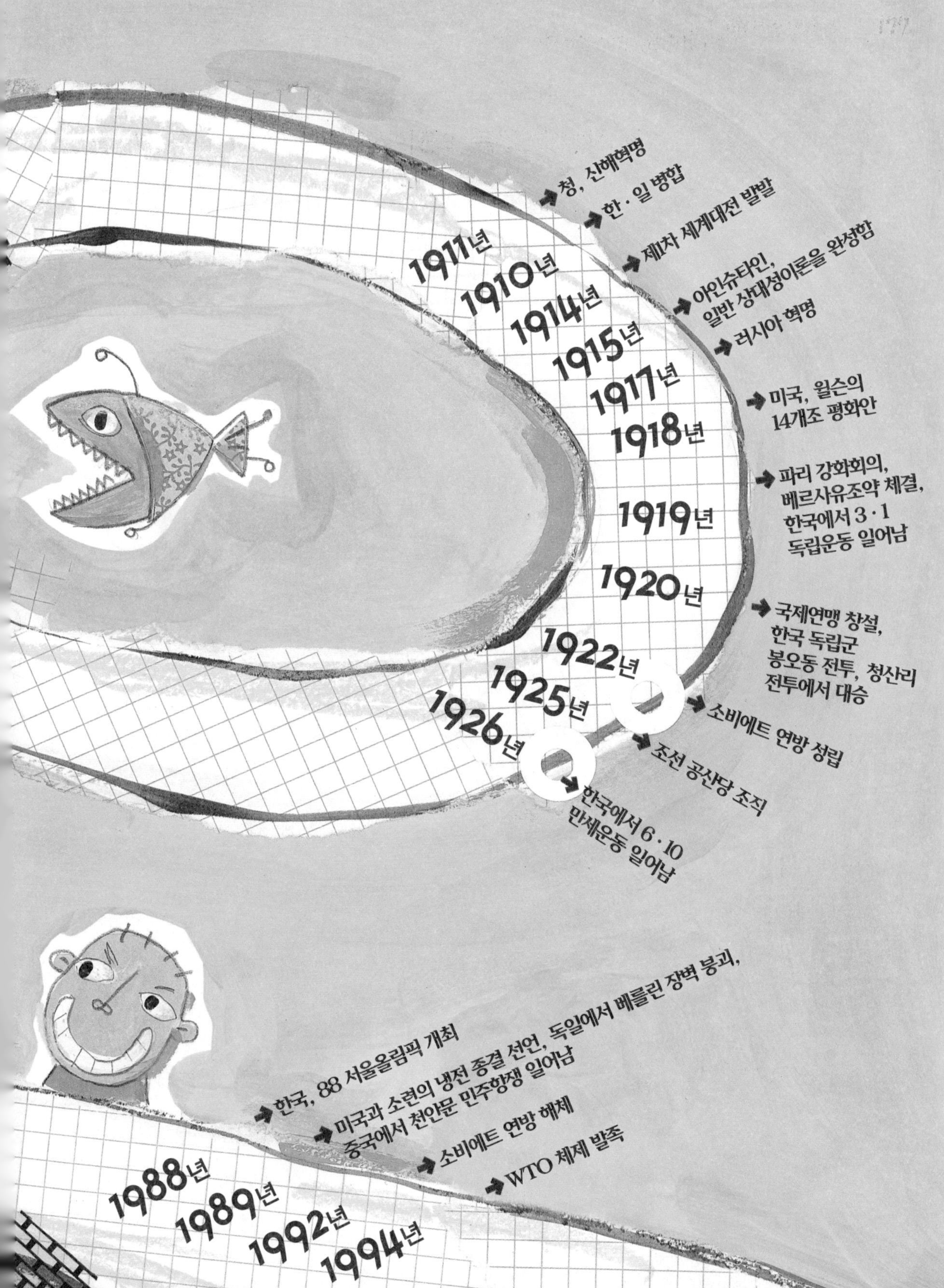

1911년
→ 청, 신해혁명
1910년
→ 한 · 일 병합
1914년
→ 제1차 세계대전 발발
1915년
→ 아인슈타인, 일반 상대성이론을 완성함
1917년
→ 러시아 혁명
1918년
→ 미국, 윌슨의 14개조 평화안
1919년
→ 파리 강화회의, 베르사유조약 체결, 한국에서 3 · 1 독립운동 일어남
1920년
→ 국제연맹 창설, 한국 독립군 봉오동 전투, 청산리 전투에서 대승
1922년
→ 소비에트 연방 성립
1925년
→ 조선 공산당 조직
1926년
→ 한국에서 6 · 10 만세운동 일어남
1988년
→ 한국, 88 서울올림픽 개최
1989년
→ 미국과 소련의 냉전 종결 선언, 독일에서 베를린 장벽 붕괴, 중국에서 천안문 민주항쟁 일어남
1992년
→ 소비에트 연방 해체
1994년
→ WTO 체제 발족

# 비행기 없이도 공중을 날았어요

옛날 어떤 책에 이런 기록이 있습니다.

「서기 천 년경, 베네딕트 교단의 어떤 승려는 날개를 달고 탑에서 뛰어내렸다. 그런데 두 다리가 부러지고 말았다.」

기록에는 없지만 이 밖에도 하늘을 날고 싶어했던 이름 모를 사람들이 많이 있었겠지요? 그런데 비행기를 발명하기 전에 공중에 뜨는 데 성공한 사람들이 있습니다. 바로 프랑스의 몽골피에 형제였습니다.

이들은 굴뚝에서 솟아오르는 연기를 보고 더운 공기를 이용하면 날 수 있겠다고 생각했습니다. 처음의 실험은 불 위에 고무풍선을 올려놓는 것이었습니다. 형제는 이 실험에서 고무 풍선이 떠오르는 것을 보았습니다. 이들은 더운 공기를 넣은 큰 풍선을 타고 하늘에 떠올라 보았습니다. 이 큰 풍선은 의외로 잘 날았습니다.

몽골피에의 열기구

1783년 11월 21일, 필라트로 드로지에와 다랑드 후작이 몽골피에 형제가 만든 풍선을 탔습니다. 후작은 풍선을 타고 90미터 높이까지 올라가서 8킬로미터를 날았습니다.

이후 동력을 이용해 최초로 비행에 성공한 사람은 여러분도 잘 아는 라이트 형제였습니다.

1903년 12월 27일, 미국 키티호크의 킬레블 언덕에서 라이트 형제는 최초의 비행에 성공했습니다. 첫 번째 비행은 12초에 불과했지만, 네 번째 비행에서는 59초 동안 계속 날았습니다. 비행 거리도 2백 55미터나 되었습니다. 이 실험의 성공으로, 결국 비행기가 발명된 것입니다.

THE TOPEKA DAIL

Celebrate Birthday of Airplane in America on December

Orville Wright

BARLING BOMBER, WORLD'S LARGEST AIRP

신문에 실린 라이트 형제

## 모든 학문은 '왜'라는 물음에서부터 시작해요

기계의 발명이나 모든 학문은 반드시 '왜' 라는 물음에서부터 시작됩니다. '새는 어떻게 해서 공중을 날 수 있을까, 그런데 사람은 왜 그럴 수 없을까?' 라는 의문에서부터 비행기의 연구가 시작된 것입니다. 그래서 그것에 관심을 가진 사람들이 날고 싶다는 꿈을 꾸게 됩니다. 그리고 이 꿈은 간절한 소망이 된 것이지요.

이 소망을 이루기 위해서는, 많은 사람들의 노력이 필요합니다. 이러한 노력이 있기 때문에 과학 문명은 점점 발전하고 있는 것입니다.

그러나 날고자 했던 인간의 순수한 꿈에 의해 만들어졌던 비행기가 무서운 독이 되기도 합니다. 제차 대전 때부터 비행기는 많은 사람을 죽이는 하늘의 무기로 사용되었습니다. 이것은 과학 기술의 발전이 때로는 인간을 무참하게 죽일 수 있다는 사실을 일깨워 주는 것이었습니다.

## 나폴레옹이 전투에서 잠수함을 이용했어요

넬슨 제독

최초의 전투 잠수함은 누구에 의해, 언제 만들어졌을까요?

전투 잠수함을 최초로 만든 사람은 로버트 풀턴입니다. 그는 1800년, 물 아래로 가라앉는 잠수함을 만들었습니다. 그리고 자신이 만든 것을 나폴레옹에게 선보였습니다. 이 잠수함의 이름은 '노틸러스 호'였습니다.

당시 나폴레옹은 영국의 넬슨 제독이 이끄는 함대에 번번이 지고 있는 상황이었습니다. 나폴레옹은 풀턴의 잠수함에 상당한 관심을 보였습니다. 그리고 이 배를 직접 전투에 사용하기로 하였지요. 그러나 전투 잠수함은 영국의 배를 격침시키는 데 별 도움을 주지 못했습니다. 나폴레옹은 더 이상 잠수함을 사용하지 않았습니다.

하지만 로버트 풀턴은 이것을 오히려 다행으로 여겼습니다. 왜 그랬을까요? 그는 자신이 만든 잠수함이 무모한 전투에 쓰일 경우, 많은 사람들이 피해를 보리라고 생각했던 것입니다.

로버트 풀턴 회사의 문장

## 33시간 동안 대서양을 횡단한 사람이 있어요

린드버그가 대륙을 횡단했던 스피릿 오브 세인트 루이스 호(모형)

모두가 불가능하다고 여긴 일에 도전한 젊은 청년이 있습니다. 바로 린드버그라는 청년입니다. 그의 도전은 지금까지도 많은 사람들에게 감동을 전해 줍니다. 린드버그는 뛰어난 비행 실력을 가진 사람이었습니다.

그는 대서양 횡단을 꿈꿨습니다. 당시의 비행기 성능으로 5760킬로미터의 거리를 난다는 것은 불가능했습니다. 그것은 죽음을 각오한 모험이었지요. 그러나 린드버그는 뉴욕과 파리간 최초의 횡단이 자신에 의해 이루어지리라는 굳은 신념이 있었습니다.

1927년 5월 19일 밤, 많은 사람들이 지켜보는 가운데 린드버그는 루스벨트 공항에서 이륙했습니다. 비행은 어려웠습니다. 피로를 견뎌야 했고, 칠흑 같은 어둠이 덮쳤습니다. 안개와 폭풍, 그리고 빙산투성이의 바다 위를 날아야 했습니다. 매순간마다 죽음이 달려들었습니다. 그는 필사의 노력 끝에 파리의 루브르제 공항에 도착했습니다. 비행 시간은 무려 33시간이 지나고 있었습니다. 그 순간 프랑스를 비롯한 유럽과 그의 조국인 미국에서는 뜨거운 환호성이 터져 나오기 시작했습니다. 세계의 역사는 이런 위대한 정신을 가진 사람들에 의해 이끌어지는 것입니다.

## 18~19세기를 '영국의 시대'라 부르는 이유?

19세기는 기계가 급속히 발달한 시대입니다. 산업혁명은 사람의 생활까지도 바꾸어 버렸습니다. 인간이 하던 일을 기계가 대신해 주었으며, 많은 돈을 버는 사람들이 곳곳에 나타났습니다. 19세기 유럽의 이런 변화 속에서 가장 강대국으로 등장한 나라가 있었습니다. 바로 영원히 해가 지지 않는 나라로 불린 영국이었습니다.

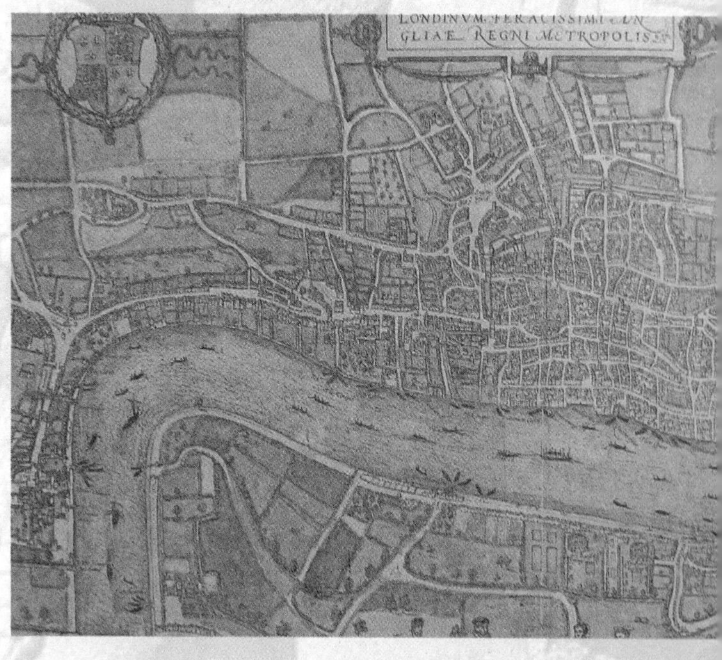


18세기 말 영국 런던 시내의 지도

영국이 강대국으로 등장할 수 있었던 이유는 산업혁명의 주요한 국가로 편리한 기계들을 제일 먼저 만들어 냈기 때문입니다. 그러나 이보다 큰 이유가 있습니다. 바로 영국은 탄광과 철광을 많이 가지고 있었습니다. 이것은 기계들을 움직이는 데 없어서는 안 될 주요 자원이었던 것입니다. 바다를 지배한 공업국의 선두 주자였던 영국은, 그 힘을 이용해 다른 나라로 건너가기 시작했습니다. 19세기를 영국의 시대라 부르는 이유도 바로 여기에 있습니다.

## 제국주의 시대가 시작됐어요

유럽의 기계화 공업은, 옛날의 농가 수공업에 비해 놀랄 만큼 많은 제품을 생산했습니다. 이러한 대량 생산을 위해서는 무엇보다 많은 원료가 필요했습니다. 유럽에 있는 것만으로는 부족했지요. 또한 남아도는 제품을 팔기에도 유럽은 너무 작았습니다. 그러므로 유럽은 자기들의 물건을 사

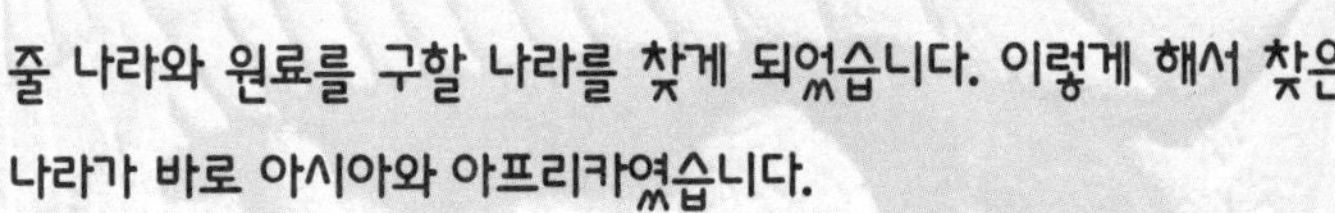

줄 나라와 원료를 구할 나라를 찾게 되었습니다. 이렇게 해서 찾은 나라가 바로 아시아와 아프리카였습니다.

유럽은 아시아를 상대로 경제에 이어 점차 정치마저도 그들의 간섭 아래 두려고 했습니다. 열강들의 이러한 정책을 우리는 제국주의 정책이라고 부릅니다.

아시아에서도 국토가 엄청나게 넓었던 인도가 점차 영국의 손아귀에 들어가기 시작했습니다. 이어서 동남 아시아인 미얀마, 인도지나, 말레이시아 등이 차례로 유럽의 지배를 받게 되었습니다. 극동의 중국마저 강력한 유럽의 힘을 막을 수 없었습니다. 아시아는 그야말로 유럽의 지배에 억눌리고 만 것입니다.

아시아 제국주의 정책에 크게 기여한 동인도회사의 배

## 독일의 재상 비스마르크는 왜 철혈 재상으로 불리나요?

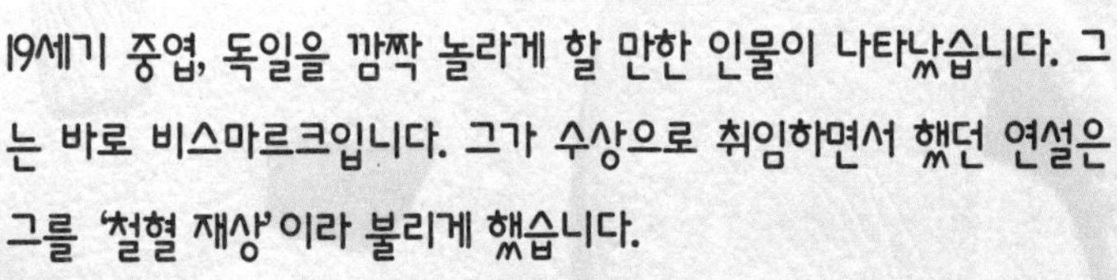

19세기 중엽, 독일을 깜짝 놀라게 할 만한 인물이 나타났습니다. 그는 바로 비스마르크입니다. 그가 수상으로 취임하면서 했던 연설은 그를 '철혈 재상'이라 불리게 했습니다.

"나라 안의 해결되지 않은 문제는 연설이나 여러 사람의 결의가 아니라, 철과 피로써 해결될 것이다."

그는 민주주의적인 방법을 증오했기 때문에 폭력을 마음대로 휘두르며 빈틈없는 정책을 펴 나갔습니다. 그는 수상에 오른 후 맨 먼저 독일의 군사력을 강화했습니다. 그리고 뛰어난 정치수완으로 오스트리아를 밀어 내고 독일을 통일시켰습니다. 독일의 권력은 모두 그의 것이었습니다. 철혈 재상으로 전 유럽을 뒤흔들었던 비스마르크는 재상의 자리에서 물러난 후인 1893년, 83세의 나이로 죽었습니다.

비스마르크

# 민주주의를 알리려다 쫓겨난 사람이 있어요

프랑스와 미국의 영향으로 영국에도 민주주의 정신이 흘러 들어가기 시작했습니다. 그러나 민주주의 사회를 두려워하는 사람들이 있었습니다. 바로 풍요로운 생활과 권력이 보장된 영국의 지배 계급들이었습니다. 남들을 불공평하게 부림으로써 편안함과 풍요를 누리던 지배 계급은, 그런 것들을 거부하는 민주주의를 몹시 싫어했습니다. 하지만 지배 계급에서 민감한 반응을 보일수록, 민주주의는 영국의 지식인층 사이에서 널리 퍼져 나갔습니다.

⬆1차대전 직전 파리 귀족과 지배 계급의 사치를 풍자한 포스터
(프랑스 국립박물관)

이 당시, 영국에서 민주주의를 널리 보급시키려 했던 토머스 페인 같은 사람은 『인간의 권리』라는 책을 펴냈습니다. 그는 이 책에서 군주 정치를 비난했고, 국민들에게 민주주의의 장점들을 알리려 했습니다. 이 때문에 그는 영국에서 쫓겨나 프랑스로 망명하게 되었습니다. 그는 프랑스에서도 조국의 잘못된 점을 글로 써서 영국의 국민들에게 알리려 했습니다. 결국 그 당시에 권력을 쥐고 있던 지배층에게 미움을 산 그는 '나라를 어지럽히는 악한'이라는 누명을 쓰게 되었습니다. 결국 그는 평생을 외국에서 살아야 했습니다.

우리는 역사를 통해 한 시대의 잘못과 끝까지 싸우는 신념에 찬 사람들을 많이 봅니다. 역사는 바로 이들로 인해 좋은 방향으로 되돌려지기도 합니다.

# 제1차 세계대전

1914년 사라예보에서 오스트리아의 황태자 페르디난트 부처가 민족주의자들의 단체에 의해 저격당했습니다. 이에 오스트리아는 세르비아에 선전 포고를 했고 독일과 오스트리아 대 러시아, 프랑스, 영국, 벨기에, 세르비아의 제1차 세계대전이 시작되었습니다. 이어 유럽 각국이 양편에 서서 싸웠고 1917년에는 미국이 연합군에 가담하면서 1918년 전쟁은 연합군의 승리로 끝났습니다.

## 사라예보의 총소리

1914년 6월 28일 일요일, 보스니아 헤르체고비나의 수도 사라예보의 아침은 유난히 밝았습니다. 거리마다 사람들이 가득 찼고, 도시의 분위기는 한껏 들떠 있었습니다.

"오늘 황태자께서 방문하는 날이 맞죠?"

"그렇대요. 우리 구경가요. 황태자비도 함께 온대요."

"그런데 왜 이 지역에 오시는 걸까요?"

이 날은 오스트리아의 황태자 프란츠

페르디난트 부처가 '육군 대연습'을 관람하기 위해 방문하기로 되어 있었습니다. 황태자 부처는 이 날 오전 10시경, 사라예보 역에 도착했습니다.

"저희 사라예보에 오신 것을 환영합니다."

수많은 시민들의 환영을 받으며, 그들이 올라탄 승용차는 행사장을 향해 천천히 미끄러졌습니다.

얼마 후 '추무리아 다리' 근처에 차가 이르렀을 때였습니다. 느닷없이 한 청년이 환영 인파를 헤치며 뛰어나왔습니다. 그의 오른손에는 검은 물건이 쥐어져 있었습니다.

"저게 뭐지?"

놀란 운전사가 브레이크를 밟았습니다.

순간 때를 맞춰 무엇인가가 승용차 뒤로 날아들었습니다. 급정거 덕택으로 그 검은 물건은 차 꽁무니로 떨어졌는데, 그것은 작은 폭탄이었습니다. 다행스럽게도 불발이었지요.

**보스니아-헤르체고비나**

보스니아-헤르체고비나 공화국이 정식 명칭이며 1992년 구유고슬라비아 사회주의 연방공화국에서 독립하였습니다. 보스니아의 수도 사라예보에서 오스트리아의 황태자가 암살되어 제1차 세계대전의 발화점이 되었으며 이후에도 문화적, 종교적 차이로 인한 민족 갈등으로 내전이 이어졌습니다. 현재는 이슬람계-크로아티아계 연방과 세르비아계 공화국의 1국가 2체제로 이루어져 있습니다.

프란츠 페르디난트

"황태자님, 어서 피하십시오. 빨리 저 암살범을 잡아라!"

그러나 호탕하고 대담했던 황태자는 그 폭탄을 주워 범인에게 힘껏 던졌습니다. 폭탄은 길바닥에 떨어지면서 곧 폭발하고 말았습니다.

"피해라! 폭탄이 떨어졌어."

"아악, 살려 줘."

황태자가 던진 폭탄으로 환영 나왔던 시민들과 수행원이 부상을 당했습니다. 범인은 곧 체포되었습니다.

"넌 누구지? 왜 이런 짓을 했나! 누가 시킨 짓이냐?"

범인은 19살 된 세르비아의 인쇄공이었습니다. 황태자 부처는 모든 계획을 취소하고 부상 입은 환자가 있는 곳으로 가기를 원했습니다.

"일정을 취소하고, 지금 곧 병원으로 가자. 나 때문에 무고한 사람들이 다쳤구나."

그러나 계획이 변경된 것을 모르는 운전사가 엉뚱한 곳으로 차를 몰았습니다. 황태자 부처를 모시고 가던 오스트리아 총통은 고함을 질렀습니다.

"지금 어디로 가고 있는 건가! 병원으로 차를 돌려! 황태자 부처님의 얘기를 못 들었어?"

고함 소리에 주춤한 운전사가 차의 속력을 늦추었습니다.

**세르비아**

세르비아는 12세기에 세르비아국이 세워진 이후 오스만투르크의 지배 하에 있다가 19세기에 민족해방운동을 일으켰습니다. 제1차 세계대전 이후 세르비아-크로아티아-슬로베니아 왕국으로 편입되었지만 제2차 세계대전 후에는 크로아티아, 마케도니아와 유고슬라비아 연방공화국을 이루었습니다. 1992년 유고슬라비아 연방공화국 중 4개국이 독립을 선언하자 세르비아는 몬테네그로와 신유고 연방을 결성했습니다.

그 때였습니다.

"탕! 탕!"

하늘을 찢는 듯한 두 발의 총소리가 울렸습니다.

곧이어 태자비 조피가 황태자의 가슴에 쓰러지고, 황태자도 입에서 피를 흘리며 쓰러졌습니다.

바로 그 날 오전 11시 30분경, 태자비 조피와 황태자는 숨을 거두고 말았습니다.

범인은 프린치프라는 19살 된 학생으로, 오스트리아 국적을 가진 세르비아인이었습니다.

"도대체 네 정체가 뭐냐. 왜 황태자를 암살한 거지?"

범인은 '검은 손'이라는 비밀 결사단의 요원이었습니다.

이 비밀 결사단은 세르비아의 독립과 자주를 주장했던 민족주의자들의 단체였습니다.

"보스니아와 헤르체고비나를 병합한 너희의 잘못이다. 너

**제국주의**

제국주의는 한 나라의 정치, 경제적 지배권을 다른 나라로 확대시켜려는 국가의 정책을 말합니다. 나폴레옹 3세의 프랑스 제2제정이 제국주의라고 불리면서 이 말이 일반화되었습니다. 19세기 말에 자본주의 열강들이 자신들의 세력을 넓히기 위해 팽창적 경쟁을 하면서 여러 국가간에 긴장 관계를 낳기도 했습니다. 제국주의는 식민주의와 동일한 의미로 사용되기도 했습니다.

**선전 포고**

줄여서 '선전'이라고도 하며 국제법상 전쟁 개시의 표시를 말합니다. 선전 포고는 상대국에게 그 이유를 명확히 제시해야 하고 사전통고가 필수적입니다. 이는 정당한 이유 없이 전쟁을 벌이려는 것을 막으려는 제도로 정식 외교 사절이 정식의 문서로써 통고를 하여야 합니다. 정식 절차는 선전 포고 후 전쟁 개시이지만 6·25 전쟁 당시는 선전 포고가 없었습니다.

희 때문에 대세르비아 건설이 좌절되었단 말야!"

이들은 오스트리아에 원한을 품었습니다. 그래서 폭력이나 암살로 앙갚음할 기회만을 엿보다가 황태자의 저격 사건을 저질렀던 것입니다.

이 사건은 유럽을 깜짝 놀라게 했습니다.

"그게 사실이에요? 황태자 페르디난트가 암살됐다는 게?"

"믿기 힘들지만 그렇대요. 너무 충격적이에요."

이 소식에 가장 충격을 받은 나라는, 바로 오스트리아와 세르비아였습니다.

"분명 세르비아 정부가 개입되어 있을 것이오. 세르비아는 이 사태에 대한 모든 책임을 져야 합니다."

오스트리아는 사건을 조사한 후, 이 사건의 배후에 세르비아 정부가 있다는 판단을 내렸습니다.

이 사건은 오스트리아는 물론, 오스트리아에 군림하고 있던 독일의 합스부르크 가에게는 커다란 비극이었습니다.

"황제 폐하, 곧 황태자 부처의 유해가 도착할 것입니다."

"이것은 비극이야."

왕궁에는 황태자 부처의 유해를 기다리는 고령의 황제가 있었습니다. 이제 80세가 된 이 황제는 약 70년 동안 나라를 다스렸던 프란츠 요제프 1세였습니다.

'나는 나라를 다스리기에는 너무 늙었다. 또한 남은 왕자들은 너무 어려. 우리 왕국의 앞날이 걱정이구나.'

합스부르크 가는 이 사건을 계기로 서서히 몰락하기 시작했습니다. 고령인 황제 한 사람만으로는 급속히 변하고 있는 유럽의 상황을 따라가기 힘들었던 것입니다.

"세르비아에 보복을 해야 합니다. 지금 당장 선전 포고를 해 주십시오."

"그렇긴 하지만 세르비아 뒤에는 러시아가 있으니 쉬운 문제는 아니오."

"러시아쯤은 두려워할 상대가 못됩니다. 우리에게는 동맹국인 독일이 있으니까요."

오스트리아는 먼저 독일의 생각을 알아보기로 했습니다.

"독일의 빌헬름 2세에게 협조를 구하자."

**합스부르크 가**

1273년 루돌프 1세가 독일 국왕으로 선출되면서 왕가로 떠오른 합스부르크 가는 15세기까지 왕위에 오르지 못하다가 알브레히트 2세 이후 계속 왕위를 이었습니다. 카를 5세에 이르러 독일의 지배영역은 최대규모가 되었으나 프랑스의 나폴레옹과의 대립에서 지면서 합스부르크 가는 오스트리아 황제로 밀려났고 세력을 잃게 되어 결국 1918년 왕가에서도 물러났습니다.

독일 황제 빌헬름 2세를 맞이하는 프란츠 요제프(이탈리아 전쟁 박물관)

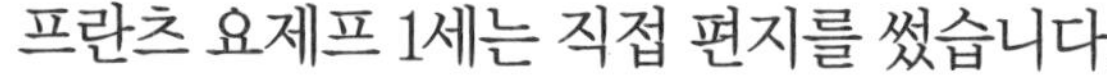

**삼국동맹**

1882년부터 1915년까지 독일, 오스트리아, 이탈리아 사이에 체결된 비밀동맹입니다. 독일과 오스트리아가 먼저 2국동맹을 체결하였고 이탈리아가 이들과 함께 삼국동맹을 체결하였습니다. 주 내용은 세 나라가 다른 열강으로부터 공격을 받을 경우 서로 군사적인 원조를 한다는 것으로 주로 프랑스에 대항하기 위한 것이었습니다. 이후 1915년 이탈리아가 삼국동맹의 폐기를 선언함으로써 이 동맹은 깨지게 되었습니다.

프란츠 요제프 1세는 직접 편지를 썼습니다.

"황태자가 암살 당한 사건은 너무나 충격적이오. 우리 독일에서 모른 척할 수 없지. 오스트리아가 세르비아에게 강력한 조치를 취하는 데 동의하는 바입니다."

독일의 지원에 힘을 얻은 오스트리아는 즉각 그들의 열 가지 요구 사항이 담긴 최후 통첩을 세르비아에 보냈습니다. 이 요구 사항은 세르비아로 볼 때 매우 지나친 요구였습니다. 정작 독일도 이 내용에 놀랐습니다.

"세르비아가 수락할지 의문이군. 이건 너무 지나쳐."

그러나 이미 이 최후 통첩은 48시간의 여유를 준다는 내용과 함께 세르비아로 건너간 뒤였습니다. 전쟁은 이제 피할 수 없는 상태에 이르게 되었습니다.

이 무렵, 프랑스의 대통령 프왱카레는 러시아의 페테르부르크를 방문 중이었습니다.

'러시아와 프랑스가 오스트리아에 압력을 가할 경우, 영국의 협조가 필요하다. 독일은 어려운 상대야.'

한편 세르비아 수상 파시치는 각료들과 함께 오스트리아의 통첩에 관한 의견을 나누었습니다.

"오스트리아의 요구를 어떻게 했으면 좋겠소?"

그러나 밤이 되어도 결론은 나지 않았습니다.

빌헬름 2세

'가능한 한 모든 요구를 들어주자. 그러나 1개 항목은 받아들이기 어렵다.'

세르비아의 파시치는, 10개 항목 중 1개만을 제외한 모든 조건을 들어준다는 회답문을 만들었습니다. 그는 직접 회답문을 들고 오스트리아 공사관으로 갔습니다.

"세르비아 수상이 왔습니다."

"우리의 요구를 받아들이겠습니까?"

"10개 중 한 개는 받아들이기 어렵습니다. 나머지는 모두 수용하겠습니다."

"그렇다면 수상의 회답을 받을 수 없습니다. 오스트리아는 세르비아가 10가지 모두 승낙하기를 원합니다."

"그렇지만 암살범에 대한 재판과 범죄 심리까지 오스트리아에게 넘긴다는 것은 무리한 요구입니다."

이것은 독립 국가로서는 받아들일 수 없는 치욕적인 것이었습니다. 또한 헌법에 위배되는 것이기도 했습니다.

"할 수 없군요. 우리 대화는 여기서 끝입니다. 전 오스트리아로 돌아갑니다."

이로 인해 두 나라의 국교 단절은 물론, 전쟁의 무거운 그림자가 드리우기 시작했습니다.

**제1차 세계대전 전의 발칸 반도 정세**

제2차 발칸 전쟁으로 얻은 각국의 영토

- 독일의 동맹국 : 오스트리아-헝가리, 불가리아
- 러시아의 동맹국 : 세르비아, 몬테네그로

**범슬라브주의와 범게르만주의**

범슬라브주의는 슬라브 민족의 유대를 위한 사상운동입니다. 범슬라브주의에는 두 가지의 큰 흐름이 있었는데 오스트리아와 터키의 지배에서 독립하여 연방제로 통합하려는 유럽의 범슬라브주의와 러시아 중심의 통합을 노린 러시아의 범슬라브주의였습니다.
한편 범게르만주의는 독일이 게르만 민족을 통합하여 독일의 세계 지배를 이룩하자는 주장입니다. 러시아의 범슬라브주의와 충돌하여 제1차 세계대전을 유발하기도 하였으며 이어 나치스가 이 사상을 이어받아 실천하였습니다.

## 먹구름으로 뒤덮인 유럽

오스트리아의 최후 통첩을 적극 말리러 나선 사람이 있었습니다. 영국의 외상 에드워드 그레이였습니다.

'이것은 매우 두려운 일이야. 반드시 중단시켜야 해.'

독일과 오스트리아, 러시아와 프랑스는 그에게 모든 기대를 걸었습니다.

"4개국의 대사들은 런던으로 모여 주십시오. 위급한 사태에 대한 회의를 열도록 하겠습니다."

참석한 4개국은 영국, 프랑스, 독일, 이탈리아였습니다.

"오스트리아와 세르비아, 그리고 러시아에 군사 행동을 하지 말라고 요청할까 하는데 어떻게 생각하시나요?"

"동의합니다."

이들은 이 요청에 동의했습니다.

"그렇다면 회담에서 결정된 내용을 오스트리아에 보내겠

습니다. 수락해야 할 텐데 걱정이군요. 독일 대사께서 이 일을 맡아 주십시오."

"그건 좀 곤란합니다. 오스트리아와 러시아는 독일에서 중재할 수 있습니다. 하지만 오스트리아와 세르비아 사이의 조정은 불가능해요."

이 조정은 최후 통첩을 한 오스트리아의 명예를 손상시키는 것임에 틀림없기 때문입니다.

그렇지만 독일은 아무도 몰래 동맹국 오스트리아에 귀띔을 했습니다.

"오스트리아가 이 조정을 거절하면 평화를 깨버렸다는 책임을 지게 될 것이오. 그렇게 되면 독일의 입장도 여간 난처한 게 아니지요."

그러나 독일 빌헬름 2세의 무조건적인 지지를 받았던 오스트리아는 이 제안을 거절해 버렸습니다.

한편 프랑스와 러시아는 군사 행동을 하지 않겠다고 약속하고는 영국에게 물었습니다.

"만약 유럽에 전쟁이 일어난다면 영국은 어느 편에 서겠소?

제1차 세계대전 당시의 무기들. 러시아 기관총, 독일군 전투기, 프랑스군 대포(위로부터)

중립을 지킬 것입니까? 아니면 우리 프랑스와 러시아 편에 서겠습니까?"

'러시아가 참전한다면, 이 전쟁은 곧 유럽 전체로 퍼져 나갈 것이다. 그러나 영국 의회와 국민의 여론은 참전을 거부할 것이 분명해.'

"영국은 전쟁에 참가하지 않을 것입니다."

오스트리아와 세르비아간의 위태로운 사태를 조정하기 위해 여러 가지 방법이 쓰였습니다. 하지만 끝내는 실패로 돌아가고 말았습니다. 오스트리아의 완강한 거절 때문이었습니다.

"우리는 세르비아의 수도 베오그라드를 포격할 것이다."

1914년 7월 28일 오전 11시, 오스트리아는 전보로 세르비아에 선전 포고를 하였습니다. 선전 포고를 한 날까지도 유럽의 강대국들은 전쟁을 확대시키지 않으려고 필사의 노력을 했습니다.

"세르비아에 약간의 군사적 보복만 가하시오. 전쟁으로 확대될 경우 우리 독일은 책임을 질 수 없습니다."

독일은 오스트리아에게 경고를 했습니다. 또한 영국의 그레이 외상은 독일에게 직접 위협을 했습니다.

"독일이 이 전쟁을 무마시키시오. 그렇지 않으면 영국은 프랑스와 러시아 편에 서서 참전할 것이오."

독일로서는 매우 난처해졌습니다.

'내가 직접 전문을 띄워야겠어.'

빌헬름 2세는 직접 러시아의 니콜라이 1세에게 전문을 띄웠습니다.

오스트리아는 세르비아에 대해서만 군대를 출전시켰다. 그러니 러시아는 오스트리아에 대해 군대를 동원하지 말라. 누가 전쟁과 평화에 대해 책임을 질 것인가 하는 문제는 오직 러시아의 결정에 달려 있다.

러시아에는 이미 군대의 총동원령이 내려져 있었습니다.

'우리가 성급히 끼어들어서는 안 되겠군. 총동원령을 취소해야겠어.'

그러나 러시아의 육군대신과 참모총장은 비밀리에 총동원령을 계속 밀어붙였습니다. 황제의 명령을 어긴 것이지요.

"황제 폐하, 오스트리아가 베오그라드에 포격을 하였습니다. 우리 러시아도 참전해야 합니다."

러시아의 참모총장 야누슈케비치는 황제를 설득시키는 데 성공했습니다. 이 소식은 독일에도 들어갔습니다.

"러시아에서 참전할 모양입니다. 우리 독일도 서둘러 참전 준비를 해야겠습니다. 자칫하면 러시아와 프랑스로부터 먼저 공격을 당할지도 모르는 일입니다."

"그렇겠군. 우리는 오스트리아를 도와 전쟁에 참여한다."

열강의 움직임을 조정하려던 영국의 노력은 허사로 돌아갔고 프랑스도 완전 전투 준비를 갖추었습니다. 이젠 오스트리아와 세르비아의 전쟁이 아니었습니다. 강대국들의 영토 확장과 지배를 위한 치열한 싸움이었지요.

**열강**

보통 강대국을 일컬으며 18세기 이후에 정치, 군사, 경제 부문에서 자립성을 가지고 있고 자신들의 힘으로 다른 국가에 영향력을 미칠 수 있는 국가를 말합니다. 초기의 열강이 유럽의 국가들임에 비해 제2차 대전 이후에는 미국과 소련이 떠올랐으며 1970~80년대 이후에는 미국을 중심으로 중국과 일본이 열강으로 떠올랐습니다.

Times

AUGUST 5, 1914 1D.

BRITAIN AT WAR

PUBLIC WARNING

The public are advised to familiarise themselves with the appearance of British and German Airships and Aeroplanes, so that they may not be alarmed by British aircraft, and may take shelter if German aircraft appear. **Should hostile aircraft be seen, take shelter immediately** in the nearest available house, preferably in the basement, and remain there until the aircraft have left the vicinity: do not stand about in crowds **and do not touch unexploded bombs.**

In the event of **HOSTILE** aircraft being seen in country districts, the nearest Naval, Military or Police Authorities should, if possible, be advised immediately by Telephone of the TIME OF APPEARANCE, the DIRECTION OF FLIGHT, and whether the aircraft is an Airship or an Aeroplane.

GERMAN AIRSHIPS

BRITISH AIRSHIPS

AEROPLANES

AEROPLANES

영국의 참전을 알리는 당시의 신문 1면 기사<왼쪽>와 독일군과 영국군의 비행기를 구별하여 안내한 신문기사<오른쪽>

중립을 지키며 전쟁을 바라보기만 하려던 영국도 참전을 선언했습니다.

“독일 함대가 영국 해협에 침입할 경우, 무방비 상태의 프랑스 해안을 지킬 것이오.”

8월 3일, 독일은 프랑스에 선전 포고를 하였습니다.

“프랑스가 벨기에의 국경에 침범했으니, 우리는 프랑스에 선전 포고를 하는 바이오.”

벨기에를 통할 경우 프랑스를 공격하기는 쉬웠습니다.

“중립국 벨기에는 우리가 프랑스로 들어가기 전까지만 길을 내주기를 부탁하오.”

“그건 안 됩니다.”

독일은 벨기에가 쉽게 응할 것이라 생각했습니다. 그러나 의외로 저항이 심하자, 독일은 다소 주춤했습니다.

‘우리 벨기에를 전략상 거점으로 삼을 모양이군. 하지만 우리가 그렇게 쉽게 이용당할 수는 없지.’

러시아 · 프랑스 · 영국 · 벨기에 · 세르비아와 독일 · 오스트리아의 싸움이 시작됨에 따라 유럽은 거대한 전쟁의 불길에 휩싸이게 되었습니다.

1914년 8월 4일, 제1차 세계대전은 독일군의 벨기에 침입에서부터 시작되었습니다.

## 제 1차 세계대전

벨기에의 저항은 독일의 생각보다 훨씬 강했습니다.

'쉽게 무너뜨릴 수 있을 줄 알았는데, 생각보다 오래 버티는군.'

작은 나라의 하찮은 저항쯤으로 여겼던 독일은 다소 혼이 났습니다.

"좀 더 많은 병력을 투입해서 한번에 밀어붙이자."

벨기에는 최선을 다해 싸웠지만, 독일을 이기기에는 역부족이었습니다. 독일군은 승리의 기세를 몰아 곧바로 프랑스로 진격해 들어갔습니다.

"독일군이 몰려온다. 피하자."

"우리 파리의 운명도 이제 끝난 것인가."

독일 군대의 힘은 엄청났습니다. 전쟁이 시작된 지 한 달도 못 되어서의 일입니다.

"프랑스의 주요 문서들을 남쪽의 보르도로 옮기는 것이 좋겠어요."

한편 러시아군은 동프로이센에 진입해, 계속 승전보를 울리는 독일군의 주위를 흩뜨리려고 했습니다.

"우리에게는 동맹국 러시아가 있어요. 러시아가 독일군을

**서부전선**

제1차 세계대전 당시 프랑스와 영국 연합군과 독일군 사이에 위치했던 전선의 이름입니다. 벨기에를 지나 프랑스에 침입한 독일을 연합군이 이 전선에서 막아 냈으며 이후 여러 전투에서도 서부전선의 방어는 계속되었습니다.

몰아 내 줄거라 믿어요."

그 때까지만 해도 영국과 프랑스는 러시아군에게 기대를 걸고 있었습니다. 러시아군이 직접 베를린으로 진격해 들어가리라 믿었던 것입니다. 그러나 갑작스런 독일군의 반격을 받은 그들은 무참한 패배를 당하고 말았습니다.

"러시아의 장비는 형편 없다. 러시아는 이빨 빠진 호랑이야. 우리 독일군의 적수가 될 수 없어."

기대와는 달리 러시아군의 장비는 빈약했던 것입니다.

"이를 어쩌지? 러시아군이 힘을 못 쓰네."

"부패한 차르 정부 아래 길러진 군대라 엉망이에요."

러시아군은 이렇다 할 만한 장교 하나 제대로 없는 지경이었습니다.

"자, 이제 다시 한번 밀어붙여 볼까?"

독일군은 전력을 가다듬었습니다. 전투는 곧 끝이 날 것 같았습니다. 그러나 독일을 상대한 연합군은 새로운 전투 방식을 개발해 냈습니다.

"연합군의 움직임이 수상합니다. 땅을 파고 있어요."

**차르(tsar)**

슬라브 민족들의 국가에서 군주를 일컫던 말입니다. 일반적으로 러시아의 군주 이름으로 알고 있지만 불가리아, 세르비아 등지에서도 일찍이 사용되었습니다. 러시아의 표트르 1세가 '임페라토르'라는 칭호를 받으면서 러시아 군주의 정식 명칭이 이것으로 바뀌었으나 관습적으로는 '차르'가 계속 쓰였습니다.

1차대전에 참전한 영국군 기관총 부대와 탄약제조공장

연합군은 땅을 파서 몸을 감추었습니다. 일종의 참호전이었지요.

"그럼 우리도 질 수 없지. 우리도 참호전에 들어간다."

전쟁이 끝날 때까지 서부전선은 두더지처럼 참호전을 계속했습니다.

"서부전선에 병력을 더 투입하도록 하시오."

독일과 프랑스는 이 전선에 수많은 병사들을 계속 투입시켰습니다.

이 때 동부전선의 러시아군은 간혹 오스트리아군을 이겼지만 독일군과의 싸움에서는 늘 지고 있었습니다.

전쟁의 위협은 이밖에도 많이 있었습니다. 터키는 수에즈 운하를 습격하려다가 실패했고 이집트는 1914년 12월, 영국의 보호국이 되었습니다.

"터키는 많이 약해져 있어. 지금이 절호의 기회지."

영국은 터키의 약점을 이용해, 이라크 · 팔레스티나 · 시리아 등을 차례로 공격했습니다. 1912년 2월, 그들은 틈을 노려 터키의 심장부를 직접 공격해 들어갔습니다. 하지만 영국은 의외의 난관에 부딪혔습니다.

"아, 우리가 밀릴 줄이야. 터키의 힘이 생각 외로 강하잖아."

당시의 오스만 터키 제국은 모든 점에서 불리한 상태였지만 영국군을 맞

아 아주 용감히 싸웠습니다.

'터키를 유럽 열강들한테 넘길 순 없다. 목숨 걸고 이 땅을 지키겠어.'

이 때 터키 국민을 이끈 지도자는 케말파샤였습니다. 영국은 처음의 기세와는 달리 지고 말았습니다.

'우리가 여기서 이겼더라면 독일군을 쉽게 막을 수 있었을 텐데…….'

영국은 다시 다른 곳으로 눈을 돌렸습니다.

"아프리카 쪽이 좋겠다. 그 곳에 있는 독일 식민지들을 공격하자."

공격을 받은 식민지들은, 이제 독일과 연락이 끊긴 채 영국의 지배에 들어가고 말았습니다.

1915년 5월, 연합국 측의 뇌물을 받고 비밀 조약을 맺은 이탈리아도 전쟁에 끼어들었습니다.

"이탈리아도 전쟁에 참가한다. 오스트리아를 공격하자."

그러나 이탈리아와 오스트리아 사이의 싸움은 이렇다 할 승전 없이 그냥 치고 받는 전투였습니다.

"이탈리아가 오스트리아를 공격하고 있습니다. 우리 독일군이 또 한번 나

**제1차 세계대전의 원인**

산업 문명의 발달은 큰 힘을 가진 나라들에게 많은 욕심을 심어 주었습니다.
큰 힘을 가졌던 나라들은 많은 땅을 빼앗기 위해 식민지를 개척했습니다. 갖가지 귀한 것들을 빼앗기도 했습니다. 그러다가 큰 싸움을 벌여, 제1차 세계대전을 일으킨 것입니다.
전쟁 후, 희생된 사람들은 어떠한 것으로도 보상받지 못했습니다. 어떤 위로와 어떤 보상이 그들을 다시 살릴 순 없었습니다.

설 때가 된 것 같군요."

독일군은 오스트리아군을 지원했습니다.

"후퇴하라. 이러다 모두 죽겠어. 어서 후퇴해."

이탈리아군은 쉽게 무너지고 말았습니다.

1915년 10월, 불가리아는 독일 편에 선 지 얼마 되지 않아 독일 · 오스트리아군과 협력했습니다. 세르비아는 곧 독일의 지배 하에 들어가고 말았습니다.

'우리 루마니아는 어느 편에 서서 싸움을 할까? 이제 서서히 전쟁에 참가할 때가 되었는데 말이야.'

루마니아는 2년 동안 전쟁을 살펴보고 있었습니다.

'승리가 연합군 쪽으로 기우는 것 같군.'

"우리 루마니아는 연합군에 가담하겠습니다. 연합군과 함께 평화를 위해 싸워야지요."

그러나 이런 계산에도 불구하고 루마니아는 독일군의 지배하에 들어가게 되었습니다. 독일과 오스트리아는 벨기에, 프랑스 동북부, 폴란드, 루마니아, 세르비아를 완전 점령했습니다.

"우리 독일이 곳곳에서 승리하고 있다. 하지만 최후의 열쇠는 서부전선과 바다야."

서부전선은 그야말로 죽음의 전선이었습니다. 양편이 죽음에 둘러싸여, 조금도 전진을 못하고 있었습니다.

바다에서는 연합군이 우세했습니다.

"적국으로 가는 식량과 물자의 수송을 막아 버려야지. 이렇게 하면 아마 오래 버티지 못할 거야."

예상대로 오스트리아에는 기근이 닥치기 시작했습니다.

전투는 점점 악랄한 양상을 띠게 되었습니다.

"저기 이상한 연기가 오고 있습니다."

"윽! 눈이 안 보여. 이건 독가스야."

독일은 독가스를 사용했습니다. 비행기가 개발되어 폭탄을 투하하는 데 이용되기도 했습니다.

"저 커다란 쇳덩어리는 뭐야?"

"피해라. 당해 낼 수가 없잖아."

그것은 영국이 만들어 낸 탱크였습니다.

이제 전쟁은 어느 쪽이 지치지 않고 오래 살아 남는가 하는 문제만 남아 있었습니다. 죽음과 공포가 유럽 전체를 뒤덮은 엄청난 전쟁이었습니다.

1917년 4월, 드디어 미국이 전쟁에 가담하게 되었

**러시아 혁명**

러시아 혁명은 1905년의 제1차 러시아 혁명, 1917년의 2월혁명과 이어 10월에 일어난 혁명을 모두 포함하여 일컫는 말입니다. 크림전쟁 패배 이후 군사적, 경제적 낙후성이 드러난 러시아에서는 노동운동이 과격화되는 양상이 강했고 곧 정부에 대한 불신으로 이어졌습니다. 결국 3번에 걸친 혁명 끝에 러시아는 공산주의국가로 재탄생하였습니다.

전쟁에 필요한 물자 조달을 위해 금을 모으자는 프랑스의 포스터(파리 국립도서관)

습니다. 미국은 연합국의 편이었습니다.

"뭐야? 미국이 연합군에 합류했어? 독일의 상황이 불리해졌구나."

1918년 3월, 독일은 서부전선에서 마지막 작전을 감행했습니다.

"영국과 프랑스의 진지를 반드시 뚫어라."

독일은 결사적으로 싸워 가까스로 전투에서 승리했습니다.

그러나 독일은 이미 많이 지쳐 있었습니다. 그런 반면 연합군에는 기쁜 소식이 전해졌습니다.

"미국의 새 부대가 합세하였습니다."

"그거 기쁜 소식이군요. 우리 연합군은 다시 서부전선에서 합동 작전을 펼치도록 합시다."

1918년 중반기에 들어서면서 전세는 완전히 뒤바뀌었습니다. 10월에 이르러서는 휴전의 이야기가 나오게 되었습니다.

"독일군은 더 이상 싸울 힘이 남아 있지 않단 말인가. 휴전하는 것 외에 다른 선택이 없구나."

1918년 11월 11일, 드디어 전쟁은 끝이 났습니다. 휴전 조약이 이루어진 것입니다. 제1차 세계대전 4년 4개월의 기나긴 전쟁으로 죽은 사람들만 해도 4천 6백만 명이었습니다.

휴전이 된 후에도 영국은 악랄하게 독일을 고립시켜 버렸습니다. 독일 국민은 오랫동안 굶주림과 병에 시달려야 했습니다.

"너무 배가 고파서 살 수가 없어요."

"아픈데 약을 좀 주세요. 제발 살려 주세요."

독일의 전 수상 베트만홀베크는 이렇게 절규했습니다.

"영국의 잔인하고도 악마와 같은 이 행동과 이로 인한 우리의 고통은 자손 대대까지 전해질 것이다."

전쟁이 끝난 후에도 사람들의 가슴에는 이렇게 증오와 복수심이 생생하게 남아 있었습니다.

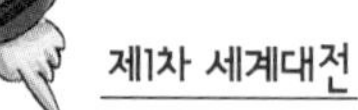


# 저기요, 선생님! 이런게 궁금해요

## 전쟁이 끝난 후, 세계 각 나라는 어떻게 바뀌어져 갔을까요?

⬆ 베르덩 묘지. 1차 대전 희생자의 묘지

제1차 세계대전은 모든 사람과 온 세상에 무서운 충격을 주었습니다. 단란하게 살고 있던 가족들은 하룻밤 사이에 무서운 죽음을 맞아야 했습니다. 또한 부모 잃은 고아들의 울부짖음이 거리를 가득 메웠습니다. 자기 나라의 이익과 힘 자랑으로 4천 6백만 명의 생명이 죽었습니다. 그리고 9백만 명의 전쟁 고아가 생겨났습니다. 전쟁이 끝난 후에도 살아 남은 사람들은 그 참혹했던 정경들을 잊지 못하며 괴로워했습니다. 그런 중에도 세계 각국은 빠르게 변해 갔고, 또다른 역사가 이루어지고 있었습니다. 미국이 발전을 거듭하며 세계 강대국으로 한 걸음 나섰고, 이와 함께 공산주의를 선언한 소련이 새로운 나라를 만들었습니다. 이탈리아에서는 파시즘 운동이 일어났고, 터키에서는 전제군주제가 사라졌습니다. 또한 이 열강들 틈에서 동양의 작은 나라 일본이 꿈틀거리며 새로운 강대국을 꿈꾸고 있었습니다.

## 윌슨의 '민족자결주의'

⬆ 윌슨 대통령

미국의 윌슨 대통령은 제1차 세계대전 이후에 세계의 평화를 위해 '14개 조항'을 발표했습니다. 14개 조항의 주요 내용은 앞으로 각 나라 사이에 비밀 외교를 금지할 것, 공해(어느 나라에도 속하지 않은 바다)에서는 자유롭게 항해할 수 있도록 할 것, 각 나라가 군비를 줄일 것 등입니다. 그 유명한 '민족자결주의' 도 여기에 포함되어 있습니다. 민족자결주의란, 어느 민족이 스스로 나라를 세우느냐, 아니면 남의 나라에 매이느냐 하는 문제를 그 민족 스스로 결정하게 하자는 것입니다.

윌슨 대통령의 주장대로 진행된다면 세계 평화는 대번에 이루어졌겠지요? 하지만 나라마다 저 나름대로의 이익과 꿍꿍이속이 있었습니다. 1919년, 파리에서 열린 강화 회담에서 연합국 대표들은 윌슨 대통령의 주장을 받아들이지 않았습니다. 지나치게 이상적이라는 이유로 말입니다.

## 베르사유조약이 맺어졌어요

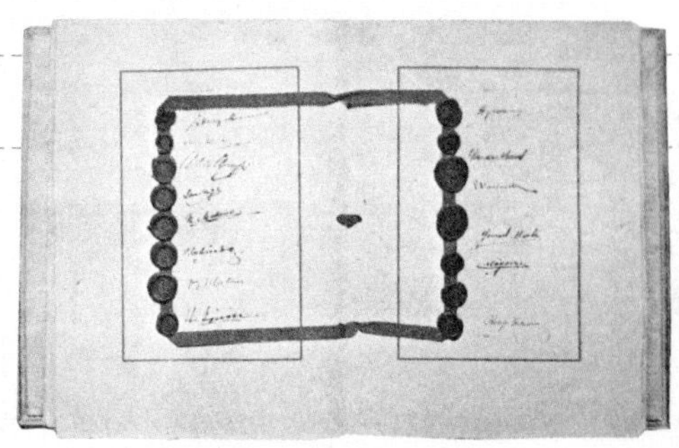

베르사유조약 당시 각국 대표의 서명

독일과 연합국 대표 사이에 베르사유조약이 맺어졌습니다. 이 조약에 의해 독일은 과거에 삼킨 알사스로렌을 프랑스에 내놓아야 했습니다. 또한 군대와 무기 생산을 제한당했습니다. 그리고 어마어마한 전쟁 배상금까지 바쳐야 했습니다.

문제의 세르비아는 주변의 영토와 함께 유고슬라비아가 되었습니다. 폴란드는 옛날 땅을 찾아 기쁨을 누리게 되었습니다. 러시아에 속해 있던 핀란드, 에스토니아 등도 독립국이 되었습니다.

## 민주주의와 함께 고개를 든 독재 정치

1차 대전 이후 민주주의가 발전한 것은 사실입니다. 하지만 참으로 이상한 일이 있었습니다. 바로 민주주의와 자유 사상에 어긋나는 독재 정치가 때를 맞추어 고개를 들기 시작한 것입니다.

국가와 민족의 전체 이익을 위해 국민의 자유를 억압하는 전체주의, 이른바 독일의 나치와 이탈리아의 파시즘이 그것입니다. 또 소련의 공산주의도 그 중의 하나입니다.

노동자와 농민에게 연설하는 소련의 지도자 레닌

## 독일 바이마르 공화국과 황제로 흔들리는 독일

⬆ 힌덴부르크 장군

1919년, 독일은 바이마르에서 에베르트를 대통령으로 하는 독일 공화국을 세웠습니다. 이를 흔히 '바이마르 공화국'이라고 부릅니다. 이 바이마르 공화국이 제정한 헌법은 당시로서는 가장 민주적이고 앞선 것이었습니다. 그러나 그것이 제대로 이루어질지는 아무도 장담할 수 없었습니다. 당시 독일의 국내 정세는 안정적이지 못했으니까요.

독일은 좌익 진영과 우익 진영으로 갈려 심하게 대립했습니다. 좌익 진영은 황제 폐지를 지지했고, 우익은 황제가 있기를 바라는 입장이었습니다.

바이마르 헌법이 선포된 초반에는 좌익 진영의 활동이 분주했습니다. 그러나 각지에서 동맹 파업과 동맹 휴교가 일고 나라가 어수선해지자 우익 세력이 어깨를 피기 시작했습니다.

바이마르 헌법이 통과된 11월에는 독일이 전쟁에 패한 원인을 따지는 자리가 있었습니다. 그 자리에서 힌덴부르크는 "독일은 전쟁에서 패한 것이 아니고 등에 칼을 맞았기 때문이다."라고 말했습니다. 그의 발언은 큰 파문을 일으켰습니다. 이 말의 뜻은, 독일이 약해진 것은 다름 아닌 황제를 없앤 혁명이 일어났기 때문이라는 것이었습니다.

힌덴부르크의 발언은 제법 지지를 얻었습니다. 그래서 일부 반란군에 의해 황제의 부활을 꾀할 수 있었습니다. 하지만 그들의 쿠데타는 성공하지 못했고, '4일 천하'를 누리다가 정부군에 의해 밀려났습니다. 이렇게 독일 공화국은 혼란을 거듭하였습니다. 이러한 독일의 혼란은 훗날 2차 대전을 일으킨 히틀러의 나치스가 일어날 기반을 만들고 말았습니다.

⬆ 바이마르 공화국의 정치 지도자들

## 파시즘이 뭐예요?

1919년, 무솔리니는 밀라노에서 '전투 파쇼' 라는 단체를 만들었습니다. 파쇼는 이탈리아 말로 덩어리, 다발이라는 뜻으로 흔히 단체, 혹은 클럽의 의미로 사용되기도 합니다. 이 파쇼 회원은 그들 스스로를 파시스트라고 불렀습니다. 그것은 동시에 당의 이름으로 쓰이기도 했으며, 그것은 다시 파시즘이라는 정치 용어로 발전했습니다.

파시즘이란, 개인의 자유를 없애고 폭력에 의한 독재 정치를 펴는 정치 이념입니다. 1919년 선거에서 파시스트당은 한 사람의 당선자도 내지 못했습니다. 그러나 그 후 1921년 선거에서는 35석을 차지하며 기세를 펴기 시작했습니다.

## 무솔리니의 속임수에 넘어가면 안 돼요

무솔리니는 의회에도 별로 나가지 않고 무력 혁명에만 힘을 썼습니다. 그는 검은 제복을 입고 다니는 '행동대' 를 조직했습니다. 파시스트는 이상하게도 국민들의 호응을 얻었습니다. 그 당시 이탈리아의 많은 예술가들이 파시스트 운동의 지지자가 되었습니다.

히틀러와 무솔리니

파시스트 세력은 점차 강해졌습니다. 이탈리아의 왕은 무솔리니를 불러 그에게 내각을 맡겼습니다. 처음에 정체를 감추던 무솔리니는 1925년에 접어들면서부터 본격적으로 독재 정치를 펼쳤습니다. 그에게 반대하는 정치가는 서슴지 않고 암살해 버렸지요.

나라의 모든 일을 파시스트에게만 맡긴 무솔리니는 1930년 마침내 의회를 폐지하였습니다. 그런데 우연하게도 무솔리니 등장 이후 이탈리아의 경제가 좋아졌습니다. 실업자도 눈에 띄게 줄어들었지요. 이러한 결과로 파시스트는 이탈리아 국민의 열렬한 환영을 받았습니다. 그러나 이것은 교묘한 속임수였지요. 이탈리아 국민들은, 머지않아 표독한 늑대로 변할 위험한 인물을 영웅으로 잘못 짚었던 것입니다.

## 미국은 매일매일이 축제 같았어요

자동차를 탄 헨리 포드

윌슨에 이어 대통령이 된 하딩이 3년 만에 병으로 죽었습니다. 그 뒤를 이어 당시 부통령이던 쿨리지가 대를 이었습니다. 쿨리지는 대기업이나 부유층을 위하는 쪽으로 정책을 폈습니다. 공화당의 이 정책은 1929년에 이르기까지 놀라운 번영을 보여 주었습니다. 1920년에서 1929년 사이에 공업 생산이 무려 50퍼센트나 향상되었지요.

이런 놀라운 번영기의 영웅적인 실업가로는 포드를 꼽을 수 있습니다. 그는 한낱 기계공이었습니다. 그러나 그는 1903년에 포드 자동차 회사를 세워 대량 생산에 들어갔습니다. 1930년에 이르러 미국은 국민 다섯 사람 중에 한 사람 꼴로 자동차를 갖게 되었습니다.

바로 이 무렵에 빼놓을 수 없는 인물이 한 명 더 있습니다. 그는 발명왕 에디슨입니다. 그 자신은 많은 돈을 벌지 못했지만 그의 발명은 산업 발전에 큰 기여를 하였습니다. 미국의 번영에 박차를 가한 것이지요. 당시 미국은 눈부신 번영에 도취되어 있었습니다.

## 소름끼치는 대공황이 밀어닥쳤어요

초기의 포드 자동차 회사

1929년 10월 24일은 미국인에게 '검은 목요일' 이란 이름으로 기억되고 있습니다. 이 날 아무 까닭 없이 뉴욕의 증권 거래소에서 주가가 폭락한 것입니다. 이 때부터 경제 대공황이 시작되었습니다.

경제는 갑자기 혼란에 빠져 산업은 내리막길로 달

실험실의 에디슨

렸습니다. 문닫는 공장이 생겨나고 실업자는 늘었습니다. 이러한 현상을 공황이라고 합니다. 이렇게 시작된 대공황은 1932년까지 계속되었습니다. 그러나 지금까지 그 정확한 원인을 밝혀 내지 못하고 있습니다.

당시 미국의 이 공황은 세계 경제의 숨통을 죄었습니다. 가장 큰 타격을 받은 나라는 독일이었습니다.

## 뉴딜정책으로 공황을 이겨 내기

루스벨트

1933년, 미국 대통령으로 당선된 민주당의 루스벨트는 새로운 경제 정책을 실시했습니다. 그것은 바로 뉴딜정책이었습니다. 당시 공황을 이겨 내기 위해 편 정책이었지요.

그는 테네시 계곡 개발 공사 등의 사업을 벌였습니다. 실업자들에게 일자리를 주기 위해서였지요. 또한 농민 구제를 위해 새로 만든 농법을 시행하기도 했습니다. 이것이 뉴딜정책의 주요 내용이었습니다.

루스벨트는 1936년 대통령으로 재선되었습니다. 그는 사회 복지 정책을 실시하여 국민의 큰 호응을 얻었습니다.

실업자들의 행렬

## 소름끼치는 소련

국민을 선동하기 위해 만든 스탈린의 포스터

미국이 경제 대공황에 허덕이고 있을 즈음이었습니다. 러시아의 레닌이 숨을 거둔 1924년, 당시 소련 공산당 중앙위원회의 서기장을 지냈던 스탈린이 소련의 주도권을 잡았습니다.

스탈린은 제1차 5개년 계획에 들어갔습니다. 5개년 계획의 목적은 농업국 소련을 공업국으로 탈바꿈시키겠다는 데 있었습니다. 스탈린은 이 계획에 자신이 있었습니다.

그 계획의 첫 희생자는 농민이었습니다. 스탈린은 빠른 공업화를 위해 농업의 집단화라는 어마어마한 일을 서둘렀습니다. 곳곳에서 반대하는 시위가 일어났습니다. 하지만 상대를 가리지 않는 총부리 앞에서는 순종하는 길밖에 다른 도리가 없었습니다. 1934년까지 소련 전 농가의 60퍼센트가 집단화되었지만 생산량은 오히려 줄어들었습니다.

스탈린이 이렇듯 무리하게 농업 집단화를 꾀한 이유는 무엇이었을까요? 그것은 두말할 것도 없이, 그의 독재적 지위를 굳히기 위해서였습니다. 거대한 목표를 내걸어 자신의 존재 가치를 잔뜩 높일 수 있다고 생각했던 것입니다.

특히 스탈린의 독재에 반대하던 키로프가 암살당하면서 스탈린은 더 거칠어졌습니다. 키로프는 스탈린의 5개년 계획을 가장 앞장서서 반대했는데 그는 1934년 실시된 당 대회에서 중요 인물로 떠올랐습니다. 키로프가 실력자로 나서면서 스탈린의 비밀 경찰 권한은 반으로 줄었고 스탈린은 키로프를 눈엣가시로 여겼습니다. 그러던 바로 그 해 12월, 모스크바 회의에서 돌아 오던 키로프가 총에 맞아 암살당한 것입니다. 그는 잔인한 피의 숙청을 감행하기 시작했습니다. 스탈린의 상표와도 같은 '피의 숙청' 은 1936년과 1938년 사이에 집중적으로 이루어졌습니다. 많은 당 지도자들이 반혁명에 가담했다는 애매한 죄목으로 처형당했습니다. 그는 처음에는 거물급 인물만 노렸지만 나중에는 당원까지도 숙청을 했습니다. 그는 자신의 심복도 믿지 못하고 총살에 처했습니다. 모두 85만 명이 그에 의해 추방되거나 희생되었습니다. 스탈린의 숙청 작업은 잔인하기 이를 데 없었습니다.

## 모든 국가 생활을 군사적 목적으로 이끌어 갔어요 – 2차 대전을 준비하는 독일

히틀러

히틀러는 나라 안의 모든 정책을 전쟁 준비에 맞도록 진행시켰습니다. 노동자를 위해 만들었다는 유람선은 전쟁이 났을 때 군인을 수송하는 데 쓰였습니다. 딱정벌레처럼 생긴 작은 자동차인 폴크스바겐을 만드는 공장 역시 예외는 없었습니다. 공장은 명령 한 마디로 전차를 만들어 낼 수 있도록 체제를 갖추었습니다.

당시 영국이나 프랑스에서는 이런 사실을 눈치조차 채지 못하고 있었습니다. 히틀러가 처음 검은 속을 드러낸 것은 1933년의 일이었습니다. 그는 국제연맹과 군축회의로부터 탈퇴를 선언한 것입니다.

## 독재자끼리는 서로 통하는 점이 있네요

사열받는 무솔리니

1936년, 이탈리아의 무솔리니가 에티오피아를 점령했습니다. 세계는 입을 모아 무솔리니를 비난했지요. 그러나 잠자코 있는 한 사람이 있었습니다. 바로 히틀러였습니다. 그는 속으로 '나보다 행동이 잽싼데?' 하고 오히려 박수를 보냈는지도 모릅니다. 독재자끼리는 서로 통하는 점이 있을 테니까요.

그러던 중 두 사람이 동지로서 악수를 나누게 된 일이 있었습니다. 스페인에서 프랑코가 이끈 반란군이 내란을 일으킨 일이 있었는데 이 당시 히틀러가 반란군에게 군사 원조를 아끼지 않아 프랑코는 전쟁에서 승리할 수 있었습니다. 이 때 무솔리니도 프랑코를 도왔는데, 그것이 동기가 되었습니다.

무솔리니는 독일을 방문하여 우의를 다지기도 했습니다. 그는 독일에서 본 독일 행진법에 감동을 받았는지, 이탈리아 군대도 그 행진법을 따르도록 하였습니다. 그 무렵 독일은 일본과 어떤 협정을 맺고 있었는데 무솔리니도 그 협정에 가입하였습니다. 이른바 '독일 · 이탈리아 · 일본의 3국동맹'이 이루어졌습니다. 전쟁과 침략을 즐기는 세 나라가 끼리끼리 모인 것입니다.

# 죽음의 제2차 세계대전

오스트리아와 체코슬로바키아 지방을 손에 넣은 독일의 히틀러는 1939년 제2차 세계대전을 일으켰습니다. 독일은 거의 전 유럽을 손에 넣었지만 소련을 침공하여 참패를 면치 못했고 동맹국 일본이 진주만을 공격하면서 미국과도 싸움을 벌이게 되었습니다. 이탈리아의 휴전 협정과 노르망디 상륙작전으로 위기에 처한 독일은 결국 히틀러의 자살로 항복했고 일본 역시 원자폭탄 투하로 무조건 항복을 선언하면서 1945년 제2차 세계대전이 끝났습니다.

## 독일과 소련의 불가침 조약

**바이마르 공화국**

**1919년 독일민주공화국 헌법, 즉 바이마르 헌법이 반포되면서 출범된 독일 공화국입니다. 바이마르 헌법은 국민주권과 기본권을 부여한 민주적인 헌법이었으나 1933년 히틀러는 이 헌법 중 긴급명령권을 자의대로 해석하여 나치스 독재정권을 수립하게 되었습니다. 히틀러의 나치스 지배와 함께 바이마르 공화국은 막을 내렸습니다.**

독일의 혼란을 틈타 우뚝 솟아난 단체가 있었습니다. 그 때까지만 해도 하찮은 존재에 지나지 않았던 아돌프 히틀러가 이끄는 나치당이었습니다. 나치당은 1932년 선거에서 놀랍게도 제1당이 되었습니다. 나치당은 다음 해에 법을 고쳐 모든 권한을 히틀러에게 주었습니다.

"바이마르 공화국은 여기서 끝나는 거야?"

"앞으로는 체포 영장이 없어도 수색을 할 수 있답니다."

"너무 지나친 거 같아."

정권을 잡은 독일의 히틀러는 국민들에게 이렇게 호소하였습니다.

"여러분, 앞으로 내게 4년간의 시간을 주시오. 그 때 가서 나를 다시 심판해 주시오."

군대와 군중으로부터 환영받는 히틀러

그의 장담은 희한하게 들어맞아, 그 많은 실업자들이 자취를 감추었습니다. 외교면에서도 눈부신 성과를 거두었지요.

"히틀러의 말이 맞네. 이제 우리 독일도 안정을 찾아가겠지?"

"응, 이제 더 이상 고통스런 일들이 없었으면 좋겠어."

여기서 힘을 얻은 히틀러는 다른 쪽으로 눈을 돌렸습니다.

"라이란트에 군대를 주둔시키자. 원래 이 곳은 독일의 영토잖아."

"프랑스랑 주변 국가들이 가만 있지 않을 텐데요?"

원래 이 곳은 독일의 영토이긴 하지만 프랑스 국경과 너무 가까운 곳이었습니다. 그래서 비무장 지대로 내버려 두어야 했지요. 예상외로 프랑스는 별 반응이 없었습니다.

'프랑스가 조용하군. 반발이 있을 줄 알았는데…….'

1936년, 히틀러는 자신의 성공을 국제적으로 자랑할 수

**베를린 올림픽**

1936년 독일 베를린에서 열린 제11회 베를린 올림픽은 독일의 나치스가 국위 선양을 위해 대규모로 개최한 정치색이 짙은 대회였습니다. 그 규모만큼 내용이나 기록면에서도 충실했는데 일제 치하에서 출전하여 1등을 한 손기정 선수의 모습에서 일장기를 지운 동아일보의 일장기말소사건으로도 유명한 대회이기도 합니다.

있는 좋은 기회를 얻게 되었습니다. 바로 '베를린 올림픽'이 개최된 것입니다.

'잘 됐다. 이 기회에 세계 곳곳에 이 히틀러와 나치스의 힘을 과시하는 거야.'

베를린 올림픽은 완전히 독일 나치스의 힘을 자랑하는 전시장이었습니다.

"독일 국민들은 너무 건강해 보이네요."

"정말 그렇게 보여요. 행복하고 질서 있게 보여요. 살기 좋은 곳 같죠? 이게 다 히틀러의 성과라고 하더군요."

세계에서 모여든 여행자들은 좋은 인상을 가지고 자기 나라로 돌아갔습니다.

'내 계획대로 되었군. 자, 이제 오래 전부터 계획해 왔던 것을 시행해 볼까.'

히틀러는 '대독일'을 건설하겠다는 빗나간 야망을 품게 되었습니다.

"전쟁 준비를 하도록 하시오."

독일은 본격적으로 전쟁 준비에 들어갔습니다. 그리고 빠른 시간 내에 기계화된 정예 부대와 막강한 공군을 갖게 되었습니다.

"이제 우리 독일의 군사력은 세계 제일의 수준이다. 우선 오스트리아를 손에 넣자."

독일군의 문장

히틀러는 지금까지 군침만 삼켰던 오스트리아를 독일과 합쳤습니다.

그리고 다음 목표로 삼은 곳이 체코슬로바키아였습니다.

"체코슬로바키아의 수데텐 지방에는 독일계 주민이 3백만이나 살고 있다. 당연히 우리 독일에게 양도해야지."

이 점을 구실삼아 히틀러는 수데텐을 자연스럽게 차지했습니다. 수데텐은 체코슬로바키아에서도 손꼽히는 공업지대였습니다.

"독일이 수데텐 지방을 손에 넣었다는 소식이오. 이러다가 체코슬로바키아 전체가 독일의 손에 들어가면 큰일이 아니오. 어서 회담을 엽시다."

영국과 프랑스는, 히틀러와 무솔리니에게 독일 뮌헨에서 회담을 열자고 제의했습니다.

'다시는 유럽 땅에서 전쟁이 일어나서는 안 된다. 반드시 막아야지.'

영국의 체임벌린 수상은 흔히 '총통의 집' 이라고 부르는 독일의 옛 왕실로 찾아갔습니다.

회의장에는 프랑스의 달라디에, 독일의

아돌프 히틀러

히틀러, 이탈리아의 무솔리니가 이미 와서 기다리고 있었습니다.

"수데텐 지방에는 많은 수의 독일인이 삽니다. 그러니 합병은 당연한 것이지요."

"수데텐 지방은 인정하겠습니다. 하지만 체코슬로바키아는 절대 안 됩니다. 독일 쪽에서는 약속을 해 주십시오."

"좋습니다. 그렇게 하겠습니다."

이 뮌헨회담에서 독일은 더 이상 체코슬로바키아의 영토를 넘보지 않겠다고 약속했습니다. 거기에는 수데텐을 독일 영토로 인정한다는 달콤한 선물이 있었기 때문입니다.

"회담은 성공적으로 이루어졌습니다. 앞으로 유럽에는 평화만이 가득할 것입니다."

영국으로 돌아간 체임벌린 수상은 전쟁은 없을 거라고 큰소리치며 뮌헨회담의 성공을 대대적으로 홍보했지요.

그러나 그로부터 반 년 뒤에 체임벌린 수상은 자신이 얼마나 경솔했던가를 깨닫게 되었습니다. 체코슬로바키아 전 지역이 독일의 손에 넘어가고 말았으니까요.

"우리의 다음 목표는 폴란드야. 폴란드한테 영토의 일부

**나치스**

독일의 히틀러를 중심으로 한 파시즘 정당입니다. 독일민족 지상주의와 인종론을 그 기반으로 하고 있으며 유대인을 멸시하고 열등한 민족으로 몰아 격리, 말살시키려 했습니다. 1당독재체제로 유대인, 공산주의자, 사회주의자를 격리시키고 사회조직들을 나치스로 획일화시켰으며 제2차 세계대전을 일으키기도 한 나치스는 1945년의 패전으로 금지되었으나 아직도 그 이념이 남아 있는 곳이 있습니다.

를 내놓으라고 전해라."

좋은 것이 좋다는 식으로, 회담을 끌어오던 영국은 그 소식에 깜짝 놀랐습니다.

'히틀러에게 이대로 당할 수는 없지. 우리도 서둘러 군대와 군비를 늘려야겠어.'

"우리 영국은 폴란드와 조약을 맺읍시다. 폴란드를 공략하는 나라는 우리 영국의 적이 되는 것이오."

"하지만 문제가 있습니다. 영국과 프랑스는 지리적으로 폴란드를 돕기가 어렵습니다. 혹시 소련이라면 모를까."

처칠 같은 정치가들은, 영국이 서둘러 소련과 동맹을 맺어야 한다고 주장했습니다.

'소련은 영 마음에 들지 않지만, 지금 상황에서 다른 대책이 없으니 동맹을 맺을 수밖에…….'

체임벌린 수상은 소련과의 동맹 교섭에 들어갔습니다.

"소련과의 교섭은 어떻게 진행되고 있나요?"

**불가침조약**

양 국가가 서로에게 공격을 하지 않을 것을 약속하는 조약입니다. 조약을 체결한 국가 사이의 전쟁 가능성을 없애려는 조약이지만 정세의 변화에 따라 쉽게 파기되기도 합니다. 대표적인 예로 제2차 세계대전 때 독·소 불가침조약과 일·소 불가침조약이 있지만 각각 독일과 소련에 의하여 파기되었습니다.

군사동맹을 맺는 독일과 이탈리아

2차 대전 당시의 독일군

2차 대전 당시 독일군의 옷차림

"그게 좀 어렵게 됐습니다. 이해 관계가 너무 복잡하게 얽혀 있어서 손을 대기가 어려워요."

결국 소련과의 동맹은 결실을 맺지 못하고 말았습니다. 영국은 앞으로 벌어질 끔찍한 사태를 모른 채 소련과의 교섭을 등한시하고 있었습니다. 그런데 세상을 깜짝 놀라게 할 뉴스가 전해졌습니다.

"독일이 소련과 불가침조약을 맺었답니다."

독·소 불가침조약은 서로 무력으로 공격을 하지 않으며 조약을 맺은 나라 중 한 나라가 어떤 나라와 싸울 때 다른 한 나라는 중립을 지킨다는 것을 내용으로 했습니다.

"이제 됐다. 소련이 가만히만 있어 준다면 폴란드는 식은 죽 먹기야."

등 뒤의 적인 소련에게서 가만히 있겠다는 약속을 얻어 낸 히틀러는 빙그레 웃었습니다.

"폴란드를 침공하라!"

그는 9월 1일을 기해 그가 자랑하는 기계화 부대에 폴란드 침공을 명령했습니다. 이것이 바로 죽음의 제2차 세계대전의 시작이었습니다.

"전쟁이 끝난 지 얼마 되지도 않았는데……."

"무고한 사람들이 또 피를 흘리겠구나."

제1차 대전이 끝난 지 20년 만에 다시 세계 대전이 터지고 만 것입니다.

폴란드로 진격 중인 독일의 전차부대

## 히틀러의 끝없는 욕심

1939년 9월 1일 새벽, 폴란드에서 포탄 소리가 울려 퍼졌습니다.

"비가 오려나? 웬 천둥소리야?"

"앗! 이 소리는 천둥이 아니야. 독일군이 쳐들어왔어."

독일은 선전 포고도 없이 폴란드를 침공했습니다. 이튿날, 히틀러는 의회에 나가 이렇게 말했습니다.

"어젯밤, 폴란드 정규군이 우리 영토를 향해 대포를 발사했다. 그리하여 우리도 반격에 들어간 것이다. 포탄에는 포탄으로 응할 수밖에 없다."

히틀러는 폴란드 정규군이 독일 영토를 먼저 침공했다고

**마지노선**

제1차 세계대전 이후 독일군의 공격을 막기 위해 프랑스가 국경 쪽에 설치한 대규모의 요새선입니다. 10년의 공사 기간 끝에 완성된 마지노선은 최고의 지형과 시설로 기대를 모았으나 2차 대전시, 독일군의 기습에 함락되고 말았습니다.

**발트 3국**

발트해 남동쪽에 위치한 에스토니아, 라트비아, 리투아니아의 3국을 말합니다. 18세기 이후 러시아의 영토였으나 1918년에 잠시 독립하였다가 1940년에 소련에 합병되었습니다. 결국 1991년에 다시 독립한 발트3국은 국방 문제, 소수민족문제 등으로 어려움을 겪고 있습니다.

거듭 주장했습니다. 아무도 그 말을 곧이 받아들이지 않았지만 말입니다.

폴란드 공격 작전에 들어간 독일은, 소련에 대해 협공을 할 것을 요구했습니다.

"소련 쪽에서 우리를 좀 도와 주시오."

"좋습니다."

독일은 자신들의 뒤에 소련이 있다는 사실을 보여 주기 위해 협공을 요구한 것입니다.

'영국과 프랑스가 이제 함부로 나서지 못하겠지? 우리 뒤에는 강한 소련이 있으니까.'

'독일이 아주 좋은 기회를 주는구나. 안 그래도 영토 확장이 필요했는데 말이야.'

소련도 내심 바라는 게 있었습니다.

"폴란드 안에 있는 우크라이나인과 러시아인의 권리를 지켜 줄 의무가 있습니다. 우리 소련도 함께 하겠습니다."

소련은 별난 구실을 내세워, 폴란드로 진격했습니다.

2차 대전 당시 독일군의 장갑차

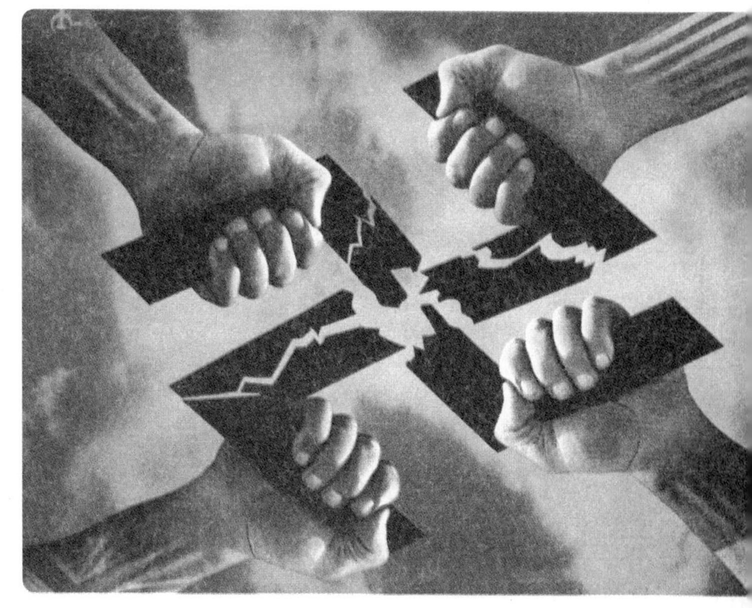

독일군을 함께 무찌르자는 연합군의 포스터

"동부 폴란드는 이제 우리 소련의 것이오."

여기서 재미를 본 소련은 더욱 많은 군사를 동원하여 작은 공화국 핀란드와 발트 3국을 별로 힘 안 들이고 손에 넣게 되었습니다.

소련이 이렇듯 실속을 챙기는 동안, 경쟁이라도 하는 듯 독일도 바빴습니다. 히틀러는 폴란드 침공을 마무리했습니다. 그러고는 돌연 서방 여러 나라에게 엉뚱한 제의를 했습니다.

"우리 평화회의를 엽시다."

그러나 독일의 위장 전술에 여러 번 속은 영국과 프랑스는 이번에는 넘어가지 않았습니다.

'히틀러 녀석, 이번에는 무슨 속셈이지? 우리를 호락호락하게 본 모양이군.'

히틀러는 어차피 영국 · 프랑스와도 한바탕 전쟁을 치러야겠다고 판단했습니다. 그는 본격적으로 이들과의 전쟁 준비를 서둘렀습니다.

**드골**

프랑스의 군인이자 정치가였던 드골은 제1차 세계대전을 비롯, 제2차 세계대전에서 큰 활약을 펼쳤습니다. 제2차 세계대전시 프랑스가 독일에 항복하자 드골은 대독항전을 계속하여 사형을 언도받기도 했지만 항전을 멈추지 않았습니다. 2차대전 이후 임시정부의 수반 및 국방장관, 총리를 지냈고 알제리전쟁을 평화적으로 해결했습니다. 1960년대 이후에는 유럽 민족주의를 부흥시킨 드골 체제로 전성기를 누렸습니다.

"육 · 해 · 공군을 총동원해. 이번에는 덴마크와 노르웨이를 공격해야겠어."

공격을 받은 두 나라 중 덴마크는 일찌감치 독일군에게 무릎을 꿇었습니다.

"노르웨이를 지키자. 독일군에게 내어 줄 수 없어."

노르웨이는 쉽게 굴복하지 않았습니다. 그러나 결국에 가서는 나치스의 총칼에 두 손을 들고 말았습니다.

'히틀러는 너무 강하다. 우리가 이기기에는 역부족이야.'

히틀러는 이제 서유럽을 눈여겨보기 시작했습니다.

1940년 5월 아침, 독일군은 선전 포고도 없이 네덜란드와 벨기에를 향해 포화를 퍼부었습니다.

"중립국이든 뭐든 상관 없다. 사정 봐 주지 말고 공격해."

네덜란드는 불과 닷새 만에 무너졌고, 여왕과 정부는 영국으로 망명을 갔습니다. 벨기에도 나치스의 깃발 아래 무너졌고, 같은 해 6월에는 파리가 함락되었습니다.

"프랑스가 독일 손에 들어가다니, 이건 악몽이야."

"우린 나치스의 지배를 원하지 않아. 그리고 우리에겐 드골 장군이 있어."

프랑스 국민들은 드골과 같은 위대한 군

인이 있기에, 그를 믿고 저항 운동에 들어갔습니다. 드골 장군은 프랑스를 탈출하여 영국에 도착해 있었습니다. 그는 그 곳의 BBC 방송을 통해, 프랑스 국민에게 독일에 대한 항전을 호소했습니다.

"아, 과연 희망은 사라질 것인가. 우리의 패배로 끝날 것인가. 그렇지 않다. 프랑스는 혼자가 아니다. 나 드골은 곧 조국으로 돌아갈 것이다."

홀로 남게 된 영국은, 새로운 수상 처칠의 영도 아래 완강하게 독일에 대항했습니다.

"이제 영국만 손에 넣으면 되겠군. 너희들이 아무리 버텨봤자 헛수고일 뿐이야."

독일은 이른바 '물개 작전'이라고 부르는, 대규모 공습을 감행했습니다.

'일 주일 안에 영국 전역을 초토화시키겠어.'

독일 공군의 지휘자 괴링은 공격을 감행했습니다. 그러나 그의 생각은 오산이었습니다. 영국을 잘못 본 것입니다.

"우리 영국은 그렇게 만만하지 않아. 독일군들 어디 뜨거운 맛 좀 봐라."

독일은 영국에 대한 공습이 벽에 부딪히자, 불안을 느끼기 시작했습니다.

**✓ 무솔리니**

히틀러와 함께 대표적인 파시즘적 독재자로 불리는 무솔리니가 이탈리아에서 정권을 잡은 것은 1922년의 쿠데타 때였습니다. 에티오피아 침략과 스페인 내란에 관한 간섭으로 제국주의적 팽창정책을 펼친 무솔리니는 1940년 본격적으로 제2차 세계대전에 참전하지만 1943년 연합군에게 체포되었고 이후 1945년에 의용군에게 사살당했습니다.

**독 · 소전쟁**
1939년 독일과 독 · 소 불가침 조약을 맺은 소련은 제2차 세계대전에 개입하지 않으려고 했지만 1941년 독일이 소련을 기습공격하자 조약은 깨지고 소련이 반격을 개시하면서 전쟁이 일어났습니다. 독 · 소전쟁은 1945년 독일의 무조건 항복으로 제2차 세계대전과 함께 끝이 났습니다.

'장기전으로 들어가면 독일이 불리해. 우리에겐 연료가 부족하단 말이야.'

엎친 데 덮치는 격으로, 이탈리아에서 다급한 소식이 전해졌습니다. 무솔리니가 그리스를 침공했다가 격퇴를 당하는 웃지 못할 사태가 벌어진 것입니다.

"참 난감하구나. 이탈리아는 왜 일을 벌인 거야!"

"동맹을 맺었으니 도와 줘야 하지 않을까요?"

"할 수 없지. 군사를 보내 줘라."

그런데 이탈리아군은 리비아와 이집트 공격에서도 영국군의 맹렬한 반격에 밀리고 있었습니다. 히틀러는 그 곳에도 독일군을 보내야 했습니다.

'이 고비를 잘 넘겨야 할 텐데…….'

소련군의 반독선전 포스터

1940년 말, 히틀러는 난관에 부딪히게 되었습니다.

## 독일, 소련으로 진격하다

독일과 소련이 폴란드를 동서로 갈라 반씩 차지한 그 이듬해 봄까지 두 나라의 사이는 아주 가까웠습니다.

"우리 소련은 독일에 석유를 수출하고, 독일은 우리에게 공업 제품과 군수품을 수출하기로 합시다."

"아주 좋은 생각입니다. 소련이 석유를 제공해 준다면 독일은 더할 나위 없이 좋지요."

독일은 소련으로부터 들여온 석유로 서방 여러 나라를 상대로 전쟁을 계속할 수 있었습니다.

"독일군이 6주 만에 프랑스를 쓰러뜨렸다고 합니다."

그러자 소련의 지도자들은 내심 걱정을 하지 않을 수 없었습니다. 독일이 두려워지기 시작한 것입니다.

'이러다가 우리 소련까지 위협할지도 모른다. 독일이 너무 강해지는 것은 좋지 않아.'

소련은 갑자기 불안해졌습니다.

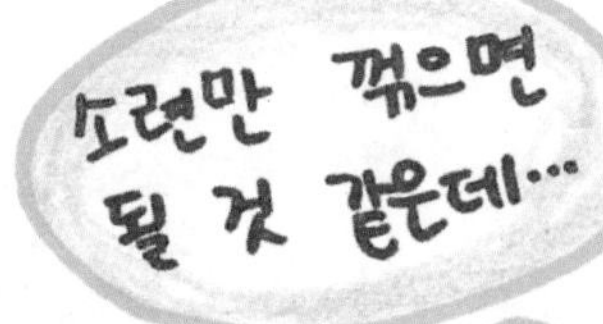


"독일이 욕심을 부려서 갑자기 우리한테 총칼을 겨누게 되면 어떻게 하지요?"

"맞습니다. 지금이야 동맹 관계지만, 사실 언제 적이 될지 모르는 사이입니다."

사실 소련은 독일의 변심을 대비해서 그동안 담을 쌓아 놓았습니다.

**대서양헌장**

제2차 세계대전 당시, 미국의 루스벨트 대통령과 영국의 처칠 총리가 발표한 선언으로 전쟁 이후의 평화에 관한 미국과 영국의 원칙을 말하고 있습니다. 그 주요 내용으로 양국은 영토 확대를 하지 않을 것, 강탈된 주권과 자치를 회복할 것, 경제 분야의 국제협력을 이룰 것, 침략 위협이 되는 나라에 대한 무장을 해제하고 안전보장제도를 확립할 것 등이 있습니다.

"만약 독일이 변심하면, 발트 3국과 루마니아를 방어의 진지로 사용하면 됩니다."

한편, 히틀러는 영국과 장기전에 들어갔습니다.

'영국이 저절로 고개를 숙이게 하는 방법이 없을까? 소련만 꺾으면 자연히 그렇게 될 수 있을 거야.'

당시보다 1백 50년 전에 나폴레옹 1세가 소련 침공을 구상한 것도 히틀러와 그 이유가 비슷했습니다.

1941년 6월 22일 이른 새벽, 독일군은 마침내 소련 국경을 넘어 진격을 개시했습니다.

"독일이 동맹을 깨고 소련을 배신했다. 어서 전투 태세를 갖추어라."

독일군의 병력 규모는 지금까지의 어떤 전투 때보다 어마어마했습니다. 육군 1백 53개 사단, 전차 3천 5백 80대, 항공기 2천 7백 40대였습니다.

"소련을 쓰러뜨리는 데 얼마나 걸릴 것 같소? 내 생각엔 어렵지 않게 될 것 같은데 참모총장의 생각은 어떠시오?"

2차 대전 중의 미국 병사와 소련 병사의 만남

"저도 같은 생각입니다. 우리는 20일이면 레닌그라드에 도착할 것입니다."

히틀러는 물론이고 그 부하까지 소련을 아주 우습게 보고 있었습니다. 처음에는 그들의 장담대로 이루어지는 것 같았습니다. 그러나 얼마 지나지 않아 상황은 바뀌었습니다.

"소련군의 반격이 너무 거셉니다. 우리가 밀리고 있어요."

독일군은 뒷걸음질치기 시작했습니다. 그 해 12월경의 일이었습니다.

"동부전선에 공격을 중지시키고 방어 태세만을 취한다."

히틀러는 할 수 없이 딱한 명령만을 내리게 되었습니다.

"독일군들 꼴 좋다. 딱 나폴레옹과 같은 처지가 됐잖아?"

이 밖에도 히틀러에게는 전혀 예상하지 못했던 또 하나의 사태가 벌어졌습니다. 동맹국 일본이 미국의 진주만을 습격한 것입니다.

**진주만**

영어로는 펄하버(pearlharbor)라고 합니다. 미국의 하와이주에 있는 항구인 진주만은 좁은 입구와 넓은 내부를 가진 천혜의 요새로 불렸으며 이에 군사 시설들이 많이 주둔해 있었습니다. 제2차 세계대전 중인 1941년 일본군이 진주만에 있던 태평양함대를 공격한 사건이 미국이 연합군에 가담하게 되는 직접적인 계기가 되었습니다.

## 일본의 진주만 기습 공격

중·일전쟁을 일으킨 일본은 중국의 도시들을 점령하는데 성공하였습니다. 일본은 1940년에 들어서면서부터 기수를 남쪽으로 돌렸습니다. 그렇게 되자 태평양을 사이에 두고 미국과 일본은 매우 불편한 사이가 되었습니다.

"프랑스가 맥도 못 추고 독일군에게 당했습니다."

"그래? 지금이 기회다. 지금 당장 프랑스령인 인도차이나에 군대를 보내자."

일본은 호시탐탐 동남 아시아 진출의 기회를 엿보고 있었습니다. 그리고 일본은 1940년 9월, 인도차이나를 점령할 수 있었습니다.

2차 대전 당시의 미국<위>, 독일<중간>, 일본<아래>의 폭격기

"일본이 가만히 있지를 않는군."

이와 같은 일본의 침략에, 지금까지 중립을 주장하던 미국은 크게 자극을 받았습니다.

"동남 아시아는 우리 일본이 주인이오."

일본은 독일 · 이탈리아와 3국동맹을 맺은 것을 배경 삼아 주인 행세를 하였습니다. 그러자 미국이 발끈했습니다.

"흥, 일본을 고립시켜야겠군. 일본에 대한 석유 수출을 당장 금지합시다."

"뭐야? 미국이 우리의 숨통을 막고 있잖아."

이리하여 두 나라 관계는 험악해질 대로 험악해졌습니다. 이제 남은 문제는 누가 먼저 포문을 여느냐였습니다.

"우리 미국이 가만 있어서는 안 됩니다. 일본을 공격해서 따끔한 맛을 보여 줘야 합니다."

"하지만 미국 국민들의 여론이 좋지 않습니다. 국민들은 전쟁을 원하지 않아요."

당시 미국의 여론은 되도록 자국과는 상관 없는 이 전쟁에 참가하지 말자는 쪽이었습니다.

'이거 참 고민이군. 현실적으로 봤을 때는 전쟁을 해야 하지만 국민들의 여론 역시 무시할 수 없으니…….'

준비도 아직 되지 않았는데…

일본 VS 미국

루스벨트 대통령은 몹시 난처하게 되었습니다.

그러던 참에 일본이 1941년 12월 7일을 기해 진주만 기습을 감행했습니다.

"선전 포고도 없이 공격하다니 비겁하다."

"일본을 그냥 둬서는 안 된다. 우리도 공격하자."

결국 미국은 싫든 좋든 전쟁에 뛰어들어야 했습니다. 이 소식은 독일에도 전해졌습니다.

"일본이 진주만을 기습했다는 소식입니다. 우리 독일이 군대를 보내야 할까요?"

"우리랑 한 마디 상의도 없이 너무 성급했군. 그래도 할 수 없지. 군대를 보내도록 하시오.

⬆ 일본의 진주만 기습

동맹국끼리의 약속이 있으니까 말이오."

히틀러는 일본의 뒤를 쫓아 미국에 대해 선전 포고를 하지 않을 수 없었습니다. 아무런 준비도 없이, 미국과의 전쟁에 발을 들여놓게 된 것입니다. 이것은 독일 패망의 전조였습니다.

"나는 어떻게 해야 미국을 이길 수 있는지, 아직 그 방법을 모르고 있소."

히틀러는 미국과 대결하는 데 있어서 아무런 작전 계획도 준비도 없었습니다. 경위야 어떻게 되었건 제2차 세계대전은 지구 전체를 뒤흔드는 세계 전쟁으로 번졌습니다.

미국과 일본의 전쟁은 주로 바다에서 이루어졌습니다.

"앗! 당했다. 일본이 듣던 것보다 강하잖아!"

처음 6개월간은 일본의 승리가 계속되었습니다.

그러나 1942년 6월, 일본은 수십 척의 전함을 잃었습니다. 미국 하와이 서쪽에 있는 섬인 미드웨이에서 참패를 한 것입니다.

“진주만을 공격한 대가를 톡톡하게 치르게 해 주겠어.”

“벌써 많은 수의 함대가 폭격을 당했습니다. 피해가 너무 커요.”

일본의 해군력은 날이 갈수록 약해졌습니다. 일본의 패망이 서서히 시작되었습니다.

한편, 유럽에서 히틀러가 세력을 가장 크게 떨쳤던 때는 1942년 여름이었습니다. 그 무렵 히틀러는 이탈리아 무솔리니와 손을 잡았습니다. 그가 무력으로 차지한 지역은 북쪽의 노르웨이부터 남쪽의 아프리카에 이르렀습니다. 또한 서쪽의 대서양 기슭에서 동쪽의 레닌그라드와 스탈린그라드까지 이르렀지요.

‘이제 곧 독일 대제국의 야망이 실현되겠구나.’

이 때까지만 해도 히틀러는 자신의 엉뚱한 야망이 실현되는 줄 알았습니다.

그러나 이 꿈은 오래 가지 않았습니다.

세계정복의 헛된 야망을 품은 독재자의 꿈은 영국, 미국, 소련 등으로 이루어진 연합군에 의해, 차츰차츰 내리막길로 가기 시작했습니다.

## 노르망디 상륙작전

1942년 여름부터 대규모의 연합군의 반격이 시작되었습니다. 미국이 미드웨이 해전에서 일본을 크게 격파시켜 반격의 실마리를 잡은 것입니다. 아프리카 전선에서는 영국군이 독일군을 굴복시켰습니다. 러시아 전선에도 독일군의 공격이 주춤했습니다. 겨울에 접어든 것입니다.

"너무 추워서 가만히 서 있기도 힘들다."

"저 벌벌 떠는 꼴을 봐라. 독일군은 우릴 이길 수 없어."

소련군의 반격이 시작되었습니다. 독일군은 모스크바를 눈앞에 두고 후퇴해야만 했습니다.

"히틀러를 잡을 수 있는 작전을 세워 봅시다."

"서부전선은 미국과 영국이 공동으로 들이치고, 동부전선은 소련이 가로막는 게 좋겠습니다."

"좋습니다. 그 계획대로 시행합시다."

노르망디 상륙작전 중인 연합군의 모습들

1942년 11월, 아프리카에 상륙한 미 · 영 연합군은 독일군을 격파했습니다. 그리고 이듬해 7월에는 시칠리아 섬을 거쳐 남부 이탈리아에 상륙하게 되었습니다.

"독일군을 북쪽으로 밀고 올라가자."

이 무렵 이탈리아에서는 중대한 정국 변화가 일어났습니다. 1943년 9월에 무솔리니가 권력의 자리에서 물러난 것입니다. 대신 바돌리오 원수가 새 정부의 대표가 되었습니다.

"우리 이탈리아는 더 이상 전쟁을 원하지 않아. 무솔리니를 몰아 내자."

무솔리니를 몰아 내기 위해 이탈리아 국민들이 일어섰던 것입니다.

'천하의 무솔리니가 하루 아침에 추락하고 말다니…….'

그는 아펜니노 산 꼭대기에 있는 한 호텔에 갇히는 신세가 되었습니다.

바돌리오 원수는 이탈리아가 세계 전쟁에 가담하는 것을 적극적

**카이로회담**

1943년 미국의 루스벨트, 영국의 처칠, 중국의 장제스, 이 3국 수뇌가 이집트 카이로에서 열었던 회담입니다. 일본과의 전쟁에 대한 협력 상황을 논의하고 일본의 영토에 대해 방침을 결정한 카이로회담에서 결정된 사항은 훗날 카이로 선언으로 발표가 되었습니다.

으로 반대한 사람이었습니다.

"난 전쟁을 원하지 않아요. 그건 이탈리아 국민도 마찬가지입니다. 이탈리아의 원수로서 연합군 측에 휴전을 요청하는 바입니다."

"좋습니다. 이탈리아의 제안을 받아들입니다."

이렇게 해서 이탈리아는 마침내 휴전 협정을 맺게 되었습니다. 그러나 얼마 전까지만 해도 동맹국이었던 독일군을 향해 총부리를 대야 하는 기구한 운명이 되었지요.

"참 기분이 묘하군. 독일군한테 총을 겨누다니 말이야."

1943년 11월, 이렇게 전쟁에 변화가 오자, 거기에 대처하기 위한 회담이 열렸습니다. 미국의 루스벨트 대통령과 영국의 처칠 수상은 중국의 장제스 총통과 함께 이집트 카이로에 모였습니다.

"일본에 대해 어떤 작전으로 나갈지 상의해 봅시다."

"무조건 항복을 요구해야지요."

카이로회담을 마친 후, 장제스, 루즈벨트, 처칠

"맞습니다. 우린 항복 이후에 일본이 어떤 행동을 취해야 할지 의논합시다."

카이로회담을 마친 루스벨트와 처칠은, 이번에는 이란의 수도 테헤란으로 갔습니다. 그 곳에서 소련의 스탈린 수상과 3국 거두 회담을 열기로 약속했기 때문입니다.

"우리 미국과 영국 연합국은 북프랑스에 상륙한 독일군을 쫓아 냅시다."

"그럼 상륙 작전을 언제 실시할까요?"

"오는 6월 5일이 어떻겠습니까?"

1944년 5월 초, 연합군 총사령관 아이젠하워는 작전의 실시일을 잡았습니다.

"날씨가 너무 좋지 않습니다. 오늘 공격은 무리일 것 같은데 어떻게 하지요?"

"하루를 연기하지. 6월 6일 새벽에 공격한다."

1944년 6월 6일 새벽에 지구 역사상 최대의 함대가 그 모습을 드러냈습니다. 북프랑스의 노르망디 앞바다에 5천 1

**노르망디 상륙작전**

제2차 세계대전 당시 미국의 아이젠하워 대장의 지휘로 미국과 영국 등의 연합군이 노르망디 해안으로 상륙한 작전입니다. 연합군은 엄청난 숫자의 공수부대와 항공기, 함선으로 독일군의 배후를 공격하여 상륙에 성공하였으며 피해도 많았지만 이 상륙작전은 훗날 연합군의 승리를 이끄는 전환점이 되었습니다.

**스탈린**

레닌의 후계자로 스탈린이라는 이름은 필명이었으며 '강철의 사나이'라는 뜻입니다. 소련공산당 서기장, 수상, 대원수를 지내며 독재적으로 소련을 통치한 스탈린은 스탈린헌법을 제정하여 소련 내에서의 사회주의의 승리를 확인하고자 했습니다. 스탈린 지배기에는 반혁명 재판으로 공산당의 반대파 및 무고한 민중까지 처형되곤 했습니다. 신적으로 숭배되던 스탈린은 1991년 소련 정변 이후 자국 내에서도 독재자로 인식되고 있습니다.

백 34척의 함대가 들어섰습니다.

"정말 굉장한 규모로군요."

"아마 역사적인 사건으로 길이 남을 것이오. 그럼 이제 독일에 대한 공격을 시작합시다."

이 상륙작전은 대단히 성공적이었습니다.

"우린 파리를 직접 공격하지 않는다. 밖으로부터 포위망을 조여 가도록 해라."

명령대로 연합군은 프랑스의 수도 파리를 중심으로 독일군을 야금야금 조여갔습니다.

"파리만은 반드시 지키도록 해. 도시 전체가 잿더미가 되어도 상관없어."

히틀러는 파리를 지킬 것을 명령했습니다. 그러나 파리 수비를 맡고 있던 독일의 코르티즈 장관은 고심 끝에 이 명령을 따르지 않았습니다.

'어떻게 유서 깊은 파리를 폐허로 만든단 말인가. 히틀러는 미친 게 틀림없어. 그의 명령은 따를 수 없다.'

그 해 8월 14일, 프랑스의 전차부대는 시민의 열렬한 환영을

연합군 병사들과 포로가 된 독일 병사들

받으며 파리에 진군했습니다. 이튿날 드골 장군이 파리에 도착했습니다.

"정말 우리 프랑스 부대가 맞아?"

"꿈은 아니겠지? 독일군이 정말 물러간 거야?"

"이제 프랑스는 자유야."

사람들은 환성을 지르며 감격의 눈물을 흘렸습니다.

프랑스 땅에서 독일군을 밀어 낸 이듬해인 1945년 2월 4일은 소련의 크림 반도의 얄타에서 회담이 있었습니다. 루스벨트, 처칠, 스탈린이 한 자리에 모였습니다.

"소련은 우리 미국을 도와 주시오. 일본 공격에 가담해 줄 것을 요청합니다."

"물론입니다. 기꺼이 응하겠습니다."

우리 나라의 남북 분단의 비극은, 바로 이 때 싹텄습니다.

**얄타회담**

1945년 미국의 루스벨트, 영국의 처칠, 소련의 스탈린이 전쟁 전후 처리 문제 등을 의논하기 위해 얄타에서 연 회담입니다. 독일의 분할 점령, 전범 처리 등의 문제와 국제연합 창설 문제, 소련의 대일전 참전에 관한 비밀협정 등이 논의 대상이었습니다.

**아이젠하워**

아이젠하워는 제2차 세계대전에서 연합군 최고사령관으로 먼저 활동하였고 이후 나토(NATO)군 최고사령관 등을 거쳐 1953년에는 대통령까지 당선되었습니다. 재임 중에 6 · 25전쟁과 인도차이나전쟁 휴전, 중동에 대한 아이젠하워독트린, 수에즈운하 문제 수습 등의 일을 해냈습니다.

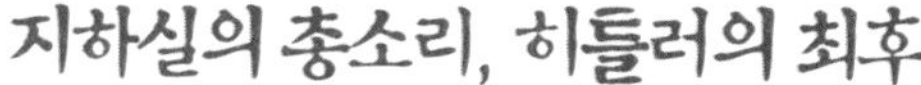

## 지하실의 총소리, 히틀러의 최후

제2차 세계대전의 마지막 해인 1945년 초 히틀러가 점령했던 그 넓은 땅들은 자꾸만 줄어들었습니다. 더욱이 연합군 공군의 공습이 끊임없이 계속되었습니다.

1945년 1월 18일, 동부전선에서도 전세는 완전히 소련 쪽으로 기울었습니다.

"폴란드를 포기하고 독일군은 여기서 철수한다."

때를 맞추어, 서부 전선의 연합군도 독일 국경 안으로 돌입할 채비를 하고 있었습니다.

"이 일을 어떻게 하면 좋겠습니까? 연합군이 국경 안으로 쳐들어올 것 같습니다."

"독일군이 후퇴하는 모든 지역의 교통 · 통신 · 공업 · 보급 등 모든 시설을 폭파시켜 버려라."

그러나 독일의 군수상인 슈페어는 히틀러의 이 명령을 받아들이지 않았습니다.

'어떻게 조국을 파괴하라는 명령을 내린단 말인가.'

그는 히틀러의 부하로써 모든 명령에 충실히 따랐지만, 이 일만큼은 도저히 받아들일 수 없었습니다.

"얘기 들었어요? 히틀러의 별명이 무엇인지?"

아이젠하워

"아, 알고 있어. '네로의 명령' 말이지?"

그것은 히틀러의 억지에 가까운 명령 탓에 그에게 붙은 별명이었습니다. 바로 로마 황제가 로마 시를 불태워 없애라고 한 얘기에서 비롯된 것이었지요.

"각하, 이번 소식은……."

"됐다. 그만해라. 매번 패전 소식뿐이니……."

히틀러는 각지에서 들려오는 패전 소식에 얼굴을 찡그리고 있었습니다.

"그게 아니라 루스벨트 대통령이 숨을 거뒀다고 합니다."

"뭐야? 그거 참 기쁜 소식이구나."

히틀러는 혹시 전세에 변화가 있지 않을까 은근히 기대했습니다. 그러나 그의 기대와 달리 상황은 더더욱 불리해질 뿐이었습니다.

당시 나치스의 제2권력자인 괴링은 히틀러와 한 마디 상의 없이 휴전을 제의했습니다.

"아이젠하워 장군님, 괴링에게 휴전 요청이 왔습니다."

**게슈타포**

독일의 나치스 아래에 있던 정치 경찰을 게슈타포라 합니다. 국가에 대해 위협이 있다고 판단되는 경우 게슈타포는 이를 단속하고 수사할 권한을 가졌는데 유대인 학살 및 공산주의자에 대한 탄압, 나치스 정권에 대한 불만을 가진 지식인들에 대한 테러 행위 등을 수행하였습니다.

"대통령과 상의해 봐야 할 문제이다."

그러나 루스벨트에 이어 새 대통령에 취임한 트루먼은 영국의 처칠 수상과 상의하여, 그 제의를 거절했습니다.

항복~!

"휴전 가지고는 안 되지. 우리는 독일의 무조건 항복을 요구하는 바이오."

히틀러가 가장 믿던 친위대장 힘러도, 상관의 허락 없이 연합군 측에 휴전을 제의했습니다.

"괴링이 나 몰래 휴전 요청을 했다고?"

"그뿐만이 아닙니다. 친위대장 힘러도 연합군에게 휴전을 제의했다고 합니다."

"내가 믿었던 힘러까지 어떻게 그럴 수가 있나. 독일의 배신자들을 살려 두지 않겠다."

히틀러는 불같이 노해 발을 동동 굴렀습니다. 그러나 그는 나치스의 최후가 서서히 다가오고 있다는 것을 깨닫고 모든 것을 체념했습니다.

'내 운명에 따르는 수밖에 없구나.'

소련군이 베를린을 공격하고 미국 공군의 대편대가 베를린 상공을 공습하였습니다. 히틀러는 책상에 앉아 유서를 쓰기 시작했습니다.

**포츠담협정과 포츠담선언**

1945년, 독일의 전후처리에 관련하여 발표한 것이 포츠담협정, 일본에 대한 항복 권고 및 전후처리에 관련한 것이 포츠담선언입니다. 포츠담협정에는 미국의 트루먼, 영국의 처칠, 소련의 스탈린이, 포츠담선언에는 중국의 장제스까지 함께 참석하였습니다. 먼저 포츠담협정은 독일의 무장해제 및 비군사화, 비나치화, 민주화가 주 내용이며 포츠담선언은 일본의 군국주의 배제, 무장해제, 무조건 항복 등을 다루고 있습니다.

1945년 4월 30일 오후 3시 30분, 히틀러는 권총과 극약으로 스스로 목숨을 끊었습니다.

"히틀러가 사망했습니다. 후계자는 되니츠 제독입니다."

다음 날, 함부르크 방송은 총통의 전사를 발표했습니다.

'독일의 종말은 너무나 뻔한 사실이다. 우리에게 더 이상 희망은 없다. 이제 독일의 미래를 생각해야 해.'

그는 총통 자리에 오른 지 엿새 만인 1945년 5월 7일, 무조건 항복할 것을 명령했습니다.

"독일의 전군은 무조건 항복한다."

한편 맥아더 장군이 지휘하는 미군은 태평양에서 사이판, 필리핀, 오키나와 등을 점령했습니다.

그리고 일본 본토로 육박해 들어갔습니다.

1945년 7월, 연합군은 베를린 가까이 있는 포츠담에서 회담을 열었습니다.

"일본은 무조건 항복하라."

그러나 일본측에서는 아무런 반응이 없었습니다.

"아직 일본측으로부터 아무 소식도 없나?"

"네. 그렇습니다."

"할 수 없군. 그렇다면 따끔한 맛을 보여 주자."

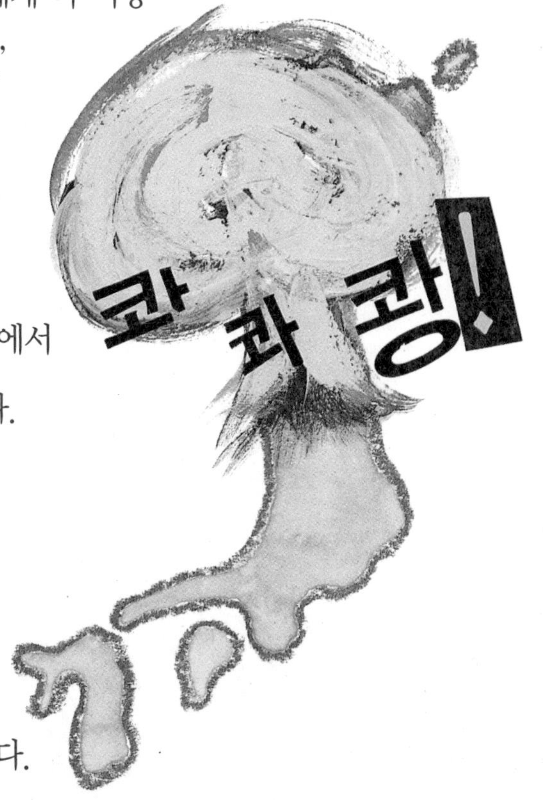


그 해 7월 16일, 미국은 때마침 뉴멕시코의 로스알라모스

일본의 히로시마와 나가사키에 떨어진 원자 폭탄

사막에서 실시했던 원자 폭탄 실험에 성공을 거둔 상태였습니다.

"이번 전쟁에 새 폭탄을 써 보는 게 어떨까요?"

"그렇게 하도록 합시다. 전쟁을 마무리지을 수 있는 강력한 무기가 될 것이오."

1945년 8월 6일 오전 8시 15분, B-29기 2대가 일본의 히로시마 상공을 비행했습니다. '하늘의 요새'란 별명을 듣던 비행기는 마침내 원자 폭탄을 투하하게 됩니다.

"투하하라."

폭탄을 투하하는 순간, 놀라운 불빛과 더불어 지축을 뒤흔드는 대 폭풍이 일어났습니다. 불꽃이 치솟아 송이버섯처럼 생긴 흰 구름으로 변했습니다. 땅 위의 건물은 대번에 타거나 무너졌으며, 32만 명의 시민 가운데 10만 명이 다치거나 죽었습니다.

원폭투하로 폐허가 된 히로시마의 한 건물

"정말 어마어마한 위력이다. 지금까지의 무기하고는 비교가 안 되겠어."

사흘 후인 8월 9일, 다시 나가사키에 원자 폭탄이 투하되었습니다.

"이러다 일본이 산산조각나고 말겠어요."

"항복하는 것 외에는 방법이 없습니다."

일본은 놀라운 위력의 폭탄에 등골이 오싹해졌습니다. 결국 일본은 항복을 결정했습니다.

1945년 8월 15일 정오, 라디오 방송으로 일본 천황의 무조건 항복이 선언되었습니다. 만주를 점령한 지 14년 만에, 일본은 군국주의의 꿈에서 깨어난 것입니다.

제2차 세계대전은 여기서 그 막을 내리게 되었습니다.

"폐허가 된 도시들을 어떻게 재건해야 할지 막막하군."

"다시는 이런 끔찍한 전쟁이 없어야 할 텐데 말이야."

이 전쟁은 인류의 80퍼센트가 참가했고, 1억이 넘는 병력이 동원되었습니다. 죽거나 다친 사람만도 4천만이나 되는 전 인류의 전쟁이었습니다.

**무조건 항복**

무조건 항복은 군사적 의미와 정치적 의미의 두 가지로 나뉩니다. 군사적 의미는 자국의 병원이나 무기 등을 조건 없이 승전국의 권한에 맡기는 것이며 정치적 의미는 승전국의 지배 하에 들어가는 것을 뜻하는 것입니다. 제2차 세계대전시 독일과 이탈리아, 일본의 무조건 항복은 정치적 의미로 보며 일본의 경우는 약간의 차별을 두는 견해도 있습니다.

항복식에 참석한 맥아더 장군<왼쪽>과 일본의 천황<오른쪽>

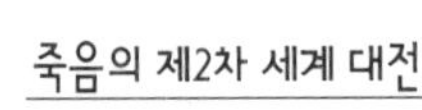


# 저기요, 선생님! 이런게 궁금해요

## 유대인 강제 수용소, 아우슈비츠

히틀러가 지배하게 된 유럽이 겪은 일 중 가장 비참하고 잔인했던 것이 있습니다. 바로 유대인에 대한 대량 학살이었습니다. 나치스의 지도자들은 '유대인에 대한 마지막 해결 방법' 으로 잔인하고도 야만스러운 방법을 꾀하고 있었습니다. 그리고 제2차 세계대전 중에 그들은 그 끔찍한 계획을 실천에 옮겼습니다.

독일의 비밀 경찰인 게슈타포는 독일의 지배 아래 있는 모든 지역에서 유대인을 골라 냈습니다. 그리고 모조리 동쪽으로 향하는 화물 열차에 실었습니다. 어떤 유대인은 강제 수용소로 갔고 어떤 유대인은 게토라는 마을로 끌려갔습니다. 게토는 유대인을 강제로 격리시키기 위해 만든 지역으로 특히 나치스는 바르샤바 게토를 중심으로 유대인 게토 지역을 관리했습니다.

⬆ 유대인들을 수용소로 옮겼던 당시의 열차

한편 강제 수용소에서는 잔인하기로 유명한 가스실의 대량 학살이 바야흐로 시작될 찰나였습니다. 나치스는 아우슈비츠에 화학 공장을 세워 인조 고무 등을 만들어 낼 예정이었습니다. 그러나 계획을 바꾸어 공장을 유대인을 한꺼번에 죽이는 가스실로 만들었습니다.

## 그 곳은 목욕탕이 아니에요

나치스는 유대인을 강제 수용소로 데려왔습니다. 그리고 일할 수 있는 사람과 일할 수 없는 사람을 가려 냈습니다. 어린이는 으레 일할 수 없는 축에 끼였습니다. 이 일할 수 없는 자들은 모두 목욕탕으로 끌려갔습니다.

벌거숭이가 되어 목욕탕으로 들어가는 순간 유대인들은 정말 목욕탕으로 들어가는 것으로 알았겠지요? 하지만 거기는 가스실이었습니다. 그들이 들어서자, 문이 굳게 잠기고 천장에 달린 샤워기에서 무언가 새어 나왔습니다. 그것은 물이 아니고 독가스였습니다. 아우슈비츠의 소장 노릇을 한 헤스라는 자가 전쟁 후에 고백한 얘기가 있습니다.

"가스실에 갇힌 사람이 죽는 시간은 평균 6분, 빠르면 3분, 길어야 10분이 고작이었다. 우리는 그들이 죽는 시간을 쉽게 알 수 있었다. 어떻게 아느냐고? 그건 간단했다. 그들의 비명이 그치면 모두 죽은 거니까."

이렇게 죽은 유대인 수를 정확하게 알 수는 없습니다. 그러나 줄잡아 4백만은 된다고 합니다. 그 4백만 명 중에서, 폴란드에 살고 있던 유대인이 거의 절반을 차지했습니다.

**아우슈비츠 수용소와 유대인들이 희생당한 지하 가스실 입구**

## 「안네의 일기」를 보면 유대인의 삶을 알 수 있어요

**안네 프랑크의 묘지**

당시 네덜란드에는 약 3만 명의 유대인이 살고 있었습니다. 안네 프랑크도 그 중 한 사람이었지요. 안네 프랑크의 가족은 나치스의 눈을 피해 은신처를 옮겼습니다. 1942년 7월의 일이었습니다. 안네는 그 날부터 일기를 써 나갔습니다. 안네의 가족은 1944년 8월 게슈타포에게 발각되었지만 안네가 쓴 일기는 그대로 남겨졌습니다. 나치스는 안네와 언니를 베르젠으로 이주시켰습니다. 거기서는 독가스도 총도 필요 없었습니다. 모두가 굶주림과 병으로 죽어 갔기 때문입니다.

## 카이로회담에서는 어떤 얘기가 있었나요?

카이로회담에서는 항복 후 일본이 해야 할 일에 대한 논의가 있었습니다. 이것을 '카이로선언'이라고 하며 아래는 그 내용입니다.

1. 일본은 대만 · 만주 등을 중국에 되돌려줄 것.
2. 일본은 1914년 이후에 점령한 모든 태평양 섬을 내놓을 것.
3. 일본은 1910년에 강제로 합병한 한국을 적당한 시기에 독립시킬 것.

## 히틀러를 깨웠다면 노르망디 작전이 실패했을지도 몰라요

독일의 전차 부대를 이끌었던 롬멜 장군

연합군의 상륙작전이 시작된 그 날 새벽이었습니다. 독일 총사령관은 히틀러에게 탱크 부대를 노르망디로 옮기는 것을 허락해 달라는 무전을 쳤습니다. 그런데 히틀러의 허락은 오후가 한참 지나서야 떨어졌습니다.

그 날 히틀러는 어느 산장의 침대에 누워 있었습니다. 의사의 권유에 의해 그 누구도, 그 어떤 일로도 히틀러를 깨워서는 안 되도록 되어 있었기 때문입니다.

만일 독일의 전차 부대가 재빨리 방비를 했더라면 연합군의 작전은 실패로 돌아갔을지도 모릅니다. 역사의 귀중한 순간이, 하찮은 일로 성공과 실패를 결정해 버린 것입니다.

## 베를린장벽이 뭐예요?

1945년 독일 나치스가 연합군에 항복한 후 얄타회담에서는 미국, 영국, 소련, 프랑스의 4개국이 독일을 분할 점령할 것을 결정했습니다. 이에 수도 베를린 역시 4개국의 분할 점령이 이루어졌는데 얄타회담의 내용 중 하나인 '독일의 비나치화'에 대한 4개국의 해석이 각각 달라지면서 통치 방식에 대한 문제가 일어났습니다. 특히 미국과 소련의 대립은 더욱 극도로 치달았고 이에 분단

베를린 장벽 ➔

된 동독과 서독의 차이는 점점 더 커져 갔습니다. 동독에서 서독으로 넘어가는 이들이 점차 늘어나자 이를 막기 위해 동독 측은 1961년 동베를린과 서베를린 사이에 콘크리트 담장을 쌓았습니다. 이 베를린장벽으로 동독과 서독은 극단의 냉전 시대를 겪었지만 1989년 소련의 공산주의 체제 붕괴로 독일이 통일되면서 베를린장벽 역시 철거되었습니다.

## 평화 유지를 위한 노력은 없었나요?

⬆ 유엔 본부

세계가 냉전 속으로 치닫게 되었다고는 하나 나름대로 평화 유지를 위한 노력이 계속되었습니다. 1945년에 51개국이 참가한 샌프란시스코 회의에서는 세계 평화 기구인 유엔, 다시 말해 국제연합이 발족되었습니다.

유엔은 옛날의 국제연맹과 비슷한 기구로 처음부터 미국과 소련 같은 강대국이 적극적으로 참가하고 유엔군을 두어 평화 유지에 큰 효과가 있었습니다.

유엔은 1950년 한국 전쟁이 일어났을 때도 유엔군을 보내주었습니다. 또한 이스라엘과 이집트 등에 분쟁이 터지면 양쪽이 싸우지 않도록 조정 역할을 하기도 했습니다. 이런 평화 유지를 위한 노력 말고도 유엔은 후진국 개발을 도왔습니다. 보건 위생과 문화 방면에도 많은 활동을 하였지요.

1960년에서 1970년으로 접어들면서 유엔 회원국 수가 150개국으로 불어났습니다. 1971년에는 중공이 회원국으로 가입했습니다. 이리하여 미국 · 영국 · 프랑스 · 소련 · 중공으로 이룬 국제 연합 안전보장이사회가 생기게 되었습니다.

## 전쟁 후 미국의 모습을 살펴볼까요?

**군중 앞에서 연설하는 마틴 루터 킹 목사**

제2차 세계대전이 연합국의 승리로 장식될 수 있었던 것은 누가 뭐래도 미국의 역할이 컸기 때문입니다. 미국은 전쟁 후에도 계속 자유와 민주주의 세력을 대표하여 공산 세력이 뻗어 나가는 것을 막았습니다. 또 많은 나라에 경제적 원조를 아끼지 않았습니다.

미국은 그 동안 민주당의 트루먼 대통령에서 공화당의 아이젠하워 대통령, 다시 케네디 대통령으로 바뀌었습니다. 그러면서 일찍이 볼 수 없었던 발전과 번영을 거듭하였습니다. 이제 미국은 자유 민주 진영의 지도 국가 역할을 맡기에 충분한 경제력을 갖게 된 것입니다.

그러나 사회적으로는 몹시 어려운 문제를 안고 있었습니다. 그것은 바로 흑백 인종 문제입니다. 차별 대우에 시달리던 흑인들이 1960년대에 이르러 곳곳에서 폭동을 일으켜 나라 안이 어수선해진 것입니다. 1968년에는 흑인 운동의 지도자 킹 목사가 암살되는 사건이 일어났습니다.

이미 그전에 젊고 유능한 케네디 대통령이 암살되어 모든 미국인은 충격을 받은 바 있었습니다. 그런데 연달아 불행한 사건이 또 터졌습니다. 1968년에 케네디 대통령의 아우인 로버트 케네디가 암살당한 것입니다. 그는 대통령에 출마하여 선거 유세를 하던 도중에 그만 죽고 말았습니다.

**존 F. 케네디**

**미국의 2차 대전 참전 용사의 묘**

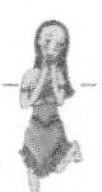

## 우리 나라는 남북으로 갈리는 비극을 겪었어요

우리 나라는 1945년 8월 15일을 기해 꿈에서도 바라던 민족 해방을 맞았습니다. 그러나 그 기쁨은 잠깐이었습니다. 우리는 뜻하지 않게 국토가 남북으로 갈리는 비극을 맛보아야 했습니다.
1948년, 남한에서는 유엔의 감시 아래 자유 선거를 실시하여 대한 민국이 수립되었습니다. 북한에서는 소련을 등에 업고 공산 정권이 들어서게 되었습니다.
대한 민국 정부가 서면서 미국은 군대를 철수시키기 시작했습니다. 그러자, 북한 공산 집단은 소련과 중공의 배후 조정을 받으며 남침을 하였습니다. 동족 상잔의 비극인 6 · 25 사변을 일으킨 것입니다. 우리 나라는 유엔군의 도움으로 남침을 물리치고, 혼란과 시련 극복을 위해 하나로 뭉쳤습니다. 그 후 우리는 놀라운 경제 발전을 거듭했습니다. 이제 우리에게 남은 과제는 북한과의 평화 통일이겠지요?

## 일본이 새로운 강대국으로 등장했어요

원자 폭탄 투하로 무조건 항복을 한 일본은, 경제적으로 심한 어려움을 겪게 되었습니다. 일본은 점령한 연합군의 관리를 받으며 민주주의를 기본으로 한 새 일본 건설을 추진하였습니다. 그들은 새 헌법에 따라 군대를 해산하고 전쟁 기업을 없애고, 농지를 개혁했습니다. 그리고 1951년, 일본은 7년간에 걸친 연합군의 관리에서 벗어나게 되었습니다.
이 때 일본은 유엔에도 가입했습니다. 일본은 자유 진영의 한 나라가 되었습니다. 일본은 기술을 바탕으로 국력의 부활을 위해 온갖 노력을 기울였습니다. 일본은 1950년 한국 전쟁이 일어나자 갑자기 경제 활동이 왕성해져 빠른 속도로 경제 부흥을 이루었습니다. 이 때부터 미국은 동남 아시아에서 일본의 위치가 중요함을 인정하였습니다. 미국은 적극적으로 일본을 돕기 시작했지요.

일본인 화가가 그린 원폭 피해의 참혹한 모습

놀라운 속도로 자란 일본 경제는 국제 경쟁에 뛰어들어 그들의 힘을 과시하기 시작했습니다.